## À PROPOS DE L'AUTRICE

Fanta Dramé est née à Paris en 1987. Après un master de lettres modernes, elle obtient le CAPES et enseigne désormais en Seine-Saint-Denis. C'est dans le cadre de ses cours, et en vue d'organiser un atelier d'écriture avec ses élèves, qu'elle rencontre Faïza Guène, à qui elle demandera conseil pour son manuscrit. *Ajar-Paris* est son premier roman.

# Ajar – Paris

FANTA DRAMÉ

# Ajar – Paris

*Préface de Faïza Guène*

Harper Collins
POCHE

HARPERCOLLINS FRANCE

83-85, boulevard Vincent-Auriol, 75646 PARIS CEDEX 13
Tél. : 01 42 16 63 63

www.harpercollins.fr

ISBN 979-1-0339-1397-9

On lit parfois certains romans comme on parcourt une carte aux trésors. *Ajar – Paris* est de ceux-là. C'est l'histoire d'une quête, à travers la transmission et l'héritage des histoires passées. Celles qu'on n'a pas pris la peine de raconter, ou d'entendre. Celles qui ont été invisibilisées et qui menacent de s'effacer si on n'y prête pas attention. Mais surtout, découvrir et comprendre ces histoires, c'est une chance de trouver la clef de la légitimité et de l'estime de soi en tant que citoyen.

J'ai eu le privilège de découvrir ce texte début janvier 2019.

Quelques mois plus tôt, j'avais fait la connaissance de Fanta Dramé dans le cadre d'un atelier d'écriture auquel je devais participer dans le collège où elle enseigne le français. Le projet n'a finalement pas abouti mais une jolie rencontre avait eu lieu et nous avions gardé contact.

Un jour, Fanta dépasse sa timidité pour m'écrire et me demande si je peux éventuellement la lire. Elle a écrit un manuscrit : un récit inspiré de l'histoire de son père.

Dès les premières lignes, son histoire m'emporte. Ce n'est pas seulement un roman mais un voyage qu'elle nous livre ici. Et je reconnais ce sentiment d'urgence qui me touche, celui de collecter et d'inscrire nos histoires, les trajectoires d'exils de nos parents dans le récit national pour nous sentir pleinement appartenir à la société dans laquelle nous vivons. Valorisons les parcours de nos parents, c'est une manière de prendre notre place.

Pour Fanta, cela passe par aller chercher la parole de son père, et commencer par le commencement, se rendre au village, fouler la terre d'Ajar, elle la trentenaire parisienne coquette qui, jusque-là, n'avait jamais pris conscience du puzzle qu'il lui fallait constituer pour se sentir entière.

Faïza Guène

*Comment crois-tu qu'ils ont tenu ?*
*Ils ont tenu en étant croyants et têtus*
*Déterminés pour leurs enfants*
*À faire un monde différent.*

Charles Aznavour, « Les Émigrants »

# 1

« Je crois qu'elle est partie. »

C'est par ces mots simples de mon père que notre vie bascula.

Cette journée s'était pourtant présentée sous les meilleurs auspices. Vendredi d'avril, veille des vacances de Pâques, sous un soleil printanier. Aucun indice ne laissait présager une fin tragique. Je m'apprêtais à donner mon dernier cours de la journée lorsque je reçus cet appel de mon père, qui m'annonçait qu'on opérait ma grand-mère. Elle était tombée deux jours auparavant, s'était cassé le col du fémur. Pendant des heures elle s'était époumonée, paralysée par la douleur, persuadée qu'elle allait en mourir. On avait mis cela sur le compte de la peur, on avait eu tort.

Aujourd'hui encore, je revois le nom de ma petite sœur Kiledou s'afficher sur mon téléphone, le jour de la chute. Rien ne me préparait au chamboulement, au déchirement, même, que cette conversation allait provoquer dans nos vies. Mon téléphone avait sonné comme il sonnait tous les jours, de cette sonnerie annonçant aussi bien un échange amical enjoué qu'un pesant démarchage téléphonique. J'aurais préféré qu'il sonne différemment, qu'il trouve un moyen de me prévenir avant que je décroche, qu'il me prédise cette déflagration. On devrait inventer une sonnerie spécifique qui annoncerait les drames, et alors on pourrait décider de ne pas répondre, décider d'opter pour la lâcheté et vivre sa vie en niant les coups durs. À partir de ce moment-là, chaque appel de mes frères et sœurs me fera systématiquement sursauter, me ramenant à ce triste jour.

Après quelques banalités d'usage, ma sœur me lança :

« Bon, il faut que je te dise quelque chose, mais surtout tu ne t'inquiètes pas. »

Cette phrase précautionneuse qu'on prononçait toujours avant d'annoncer une mauvaise nouvelle dans la famille, au lieu de nous rassurer, produisait inévitablement l'effet inverse. Je me sentis tressaillir comme si mon corps, bien avant mon esprit, avait compris ce qui était arrivé. Elle me raconta les circonstances de l'accident et, à mon tour, j'appelai ma sœur Hadja, qui appela mon grand frère, qui appela mon petit frère. Et ainsi de suite, d'autres connexions se mirent en place au-delà du cercle fraternel. Si bien que la nouvelle se répandit comme une traînée de poudre.

Le soir même, nous nous retrouvâmes autour de celle qui était une grand-mère pour nous, une mère pour certains, une amie pour d'autres, un pilier pour tous. Allongée sur son lit d'hôpital, les traits légèrement tirés, elle tentait de cacher son anxiété par un sourire forcé, puis nous prenait les mains et les serrait contre ses joues. À ce contact, elle fermait les yeux, apaisée d'avoir les siens autour d'elle, pour ce qu'elle seule savait être ses derniers instants.

Elle partageait sa chambre avec une femme de son âge qui, comme elle, attendait d'être opérée. Cette dernière semblait ébahie par le nombre de personnes qui entouraient sa voisine, et encore plus par ceux qui attendaient dehors de pouvoir la saluer, elle qui n'avait reçu aucune visite depuis son arrivée et paraissait chercher auprès de nous quelques attentions. Ma cousine Aminata se tourna alors vers notre aïeule et lui demanda discrètement en soninké, notre langue maternelle :

« Elle s'appelle comment, ta voisine ?

— Je ne sais pas.

— Mais depuis que tu es là, vous n'avez pas discuté ?

— Mais tu sais bien que je ne sais pas parler français. Qu'est-ce que tu veux que je lui dise ?

— Mais essaie, dis-lui juste les quelques mots que tu connais. »

Ma grand-mère avait beau vivre en France depuis trente ans, la langue lui était toujours restée étrangère. Elle n'avait jamais éprouvé le besoin, ni la nécessité probablement, d'apprendre à communiquer dans le pays où elle s'était établie malgré elle, persuadée qu'elle n'était que de passage et qu'elle retournerait très vite sur ses terres natales. Elle s'était installée chez son fils dès son arrivée en région parisienne, et ce jusqu'à ses derniers jours. La placer en maison de retraite lorsqu'elle eut un âge certain ? C'était inconcevable, indigne même, pour mon père. Chez lui, on s'occupait des aînés jusqu'à leur dernier souffle et on n'envisageait rien d'autre.

Nos deux parents travaillant, ma grand-mère passait la majeure partie de son temps à la maison, veillant sur ses petits-enfants et ne sortant que pour aller chez sa fille, malade, dont elle prenait également soin. Quoi qu'on lui demande, elle avait réponse à tout, solution à tout, et c'était elle, au fond, le véritable chef de famille. Elle avait tellement été là dans nos vies, nous imprégnant peu à peu de sa présence devenue indispensable, qu'on avait fini par croire qu'elle était immortelle.

Elle se levait à l'aube pour la première de ses cinq prières quotidiennes, puis organisait notre réveil. Chaque matin, avant d'aller à l'école, elle nous préparait notre petit déjeuner, puis veillait à ce que nous ne manquions de rien pour la journée. Seulement après notre départ, elle s'occupait d'elle, déjeunait à son tour, faisait sa toilette, puis passait la matinée devant des séries télévisées. Elle ne comprenait rien à ce qu'on y racontait ; pour autant, elle ne ratait aucun épisode. En regardant attentivement les images, elle parvenait à déceler du sens dans des intrigues qui ne s'embarrassaient pas de complexité. Parfois, face à une scène dans laquelle elle devinait une tension certaine, elle nous demandait de lui relater ce qu'il s'y passait. Nous nous lancions alors dans une traduction approximative des répliques, évacuant les subtilités de langage qu'il nous était impossible de retranscrire dans notre langue maternelle, éludant le récit de pratiques culturelles qu'elle ne saisirait pas. « Non, mais attends, on ne va pas lui expliquer qu'elle est tombée enceinte de son mari, mais qu'elle va avorter parce qu'elle ne veut plus d'enfants. Elle ne sait même pas que c'est possible… ! » Au bout de quelques minutes, nous voyant patauger dans des élucubrations que nous ne semblions pas maîtriser ou sur lesquelles nous n'étions pas d'accord, elle préférait rester fidèle à ce qu'elle pensait avoir saisi et finissait par nous dire : « Laissez tomber, j'ai compris. »

Elle ne savait pas lire l'heure, pourtant elle ne manquait jamais notre sortie d'école. Elle venait nous chercher à 16 h 30 précises, munie de sachets de beignets qu'elle avait passé l'après-midi à confectionner et qui suscitaient l'envie de nos camarades de classe, nous incitant à les échanger contre leurs paquets de BN et autres biscuits industriels au chocolat qui n'avaient de cette saveur que le nom, mais dont les emballages aux couleurs vives et au marketing imparable attiraient davantage les enfants que nous étions.

Le soir, même si elle était analphabète, elle passait un temps certain à scruter avec curiosité nos cahiers d'écoliers et à nous donner son avis. Machinalement, elle les ouvrait à l'envers, comme elle voyait souvent son fils faire avec les livres en arabe, et les feuilletait consciencieusement, fascinée par ces drôles d'arabesques que constituaient les lettres, déplorant tantôt un manque de couleur, tantôt une rature, sur ces pages qu'elle n'avait jamais eu la chance d'apprendre à déchiffrer. Elle avait elle-même un cahier qui lui servait de répertoire téléphonique. Elle se faisait noter le nom et le numéro d'un tiers, puis dessinait à côté un petit signe distinctif, lui permettant de repérer d'un simple coup d'œil à qui appartenaient les coordonnées. Elle avait aussi dû inventer une signature, indispensable pour parapher ses documents officiels. Elle tenait alors fermement un stylo par son extrémité et, très concentrée, traçait de sa main tremblante une ligne verticale, puis une ligne horizontale qui croisait la première. Une croix, tout simplement, mais qu'elle dessinait consciencieusement.

Le week-end, elle préparait des jus de gingembre et de bissap, boisson traditionnelle à base de fleurs d'hibiscus plongées dans de l'eau bouillante, puis y ajoutait du sucre et de la fleur d'oranger. Elle les vendait ensuite dans les foyers de Belleville où vivaient des immigrés d'Afrique subsaharienne, qui recherchaient dans ces boissons les saveurs des pays qu'ils avaient quittés. On s'était inquiété du passage à l'euro, se demandant comment lui expliquer qu'à présent 6,56 francs valaient un euro, et qu'il fallait donc qu'elle convertisse le prix de tous ses produits. Mais, redoutable en finances, elle s'en était sortie, comme toujours. Aidée de ses petits-enfants, elle avait étalé au sol chacune des nouvelles pièces en vigueur et avait passé l'après-midi à apprendre, comme une leçon de mathématiques, que les deux minuscules pièces couleur cuivre valait une moyenne pièce, que pour en avoir une plus grosse, il fallait deux pièces moyennes et une minuscule, et ainsi de suite. Les billets, elle les désignait par leur couleur. Deux billets rouges valaient un billet bleu, cinq billets bleus un billet vert, cinq billets verts un billet violet.

Peu d'années avant sa mort, elle avait pris la décision, mûre et réfléchie, de retourner vivre au Sénégal. Son départ avait été organisé en quelques semaines, elle n'avait de toute façon pas accumulé grand-chose durant sa vie à Paris. Mais, au bout de plusieurs mois, son absence nous était devenue insupportable. Après des jours et des jours à la supplier, elle avait fini par céder et était rentrée en France prendre soin de sa famille et mettre, de nouveau, sa vie de côté.

Vint le moment de laisser la place aux autres membres de la famille qui attendaient, à l'extérieur de sa chambre d'hôpital, de pouvoir à leur tour l'embrasser. Au moment de sortir, elle ne manqua pas de nous rappeler de faire attention à nous et, comme toujours, on lui répondit de ne pas s'inquiéter, que tout irait bien, pour nous comme pour elle.

Deux jours plus tard, on l'opérait.

# 2

*Je crois qu'elle est partie.* Je dévalai les escaliers de mon immeuble à toute vitesse et courus pour rejoindre le métro le plus proche. Je n'arrêtais pas de me répéter les mots que mon père venait de prononcer, tentant, en vain, de les assimiler.

*Je crois qu'elle est partie.* Bien sûr ma grand-mère n'était pas immortelle, et il fallait un jour ou l'autre s'attendre à ce qu'elle nous quitte. Mais tomber de son lit un matin et mourir ? C'était trop bête.

*Je crois qu'elle est partie.* Si mon père y croyait, pour ma part je refusais de l'accepter. J'appelai Hadja, non pas dans l'unique but de l'avertir, mais dans l'espoir réel d'être rassurée. Elle était enceinte, je pris donc le soin de ne pas l'affoler, mais plus je lui expliquais la situation, plus il devenait impossible pour moi de retenir mes sanglots. Elle ne percevait que des bribes de mon propos : « Ne t'inquiète pas, mais… l'opération… son cœur… arrêté… partie. » Je m'en voulais de ces mots auxquels je ne croyais pas, comme si mes paroles pouvaient avoir un effet performatif, comme si, en les prononçant, je scellais le sort de ma grand-mère, définitivement. Elle me raccrocha au nez, refusant d'entendre ce que je lui annonçais. J'aurais préféré garder pour moi cette information quelques minutes, une heure même, pour préserver mes frères et sœurs, qu'ils puissent encore jouir de cette vie insouciante, mais la nouvelle était bien trop lourde à porter et, égoïstement, il fallait que je me débarrasse de ce poids dans l'intention, vaine, qu'on me dise que je me trompais.

*Je crois qu'elle est partie.* Ne trouvant pas de réconfort auprès d'Hadja, c'est dans les mots que j'en cherchai. « Je crois ». Tout de suite, mon père avait modalisé ses termes, et dès lors j'aurais dû mettre en doute tout ce qu'il me disait. Ce qui suivait n'avait pas vraiment d'importance. Il « croyait », il n'en était pas sûr, donc. Je ne savais rien de ce qui l'avait poussé à « croire », mais je savais qu'il n'y avait de fait aucune certitude. Peut-être avait-il eu un mauvais pressentiment. Mais je préférais à ce moment-là me fier uniquement à ce qui était de l'ordre du concret.

*Je crois qu'elle est partie.* J'y avais vu une litote, une manière pour mon père d'atténuer la brutalité de la nouvelle, mais ce n'était sans doute pas le cas. Je me surpris à croire – moi aussi – que ma grand-mère était probablement partie en salle de réveil, après une opération qui s'était déroulée sans encombre. Toutefois, j'avais sûrement surestimé mon père en pensant qu'il avait usé d'une tournure stylistique, lui qui utilisait un français très prosaïque, sans considération aucune pour les figures de style. Si ma grand-mère n'était plus, il m'aurait tout simplement dit qu'elle était morte.

J'avais beau retourner la phrase dans tous les sens, essayant de trouver dans chaque mot une raison d'espérer, je savais au plus profond de moi que tout était fini. Je n'avais jamais imaginé qu'elle nous quitterait des « suites d'une longue maladie », comme il était coutume de dire. Elle n'aurait pas supporté d'être une charge pour les autres, elle qui avait toujours été très indépendante. Non, très tôt, j'avais eu la certitude, la conviction, même, qu'elle partirait sur un coup de tête, sur un malentendu, presque, dans la discrétion, à son image, comme elle avait toujours vécu. L'arrivée à l'hôpital me délivra de mes tergiversations littéraires. Je rejoignis ma famille au service des soins intensifs. Chacun rassurait l'autre en attendant d'être rassuré en retour : « Oui, son cœur s'est arrêté pendant l'opération, ça arrive souvent, mais on a réussi à le faire repartir, et c'est ça le plus important, non ? Et puis elle est solide, la grand-mère, elle en a traversé, des galères, rien ne sert de s'inquiéter. Elle en rigolera bien dans quelques jours, quand on lui racontera tout ça. »

On passa la soirée à ses côtés. Par moments, un sanglot venait rompre le silence assourdissant dans lequel on était plongé. Mais régulièrement interrompu par le reproche d'un des nôtres, qui cherchait par tous les moyens à se protéger d'une issue inéluctable : « Tu peux m'expliquer pourquoi tu pleures ? Tu la pleures alors qu'elle est toujours vivante ? »

À présent, il fallait attendre qu'elle se réveille. Tard le soir, chacun rentra chez soi, priant pour que cela arrive durant la nuit ou dès le lendemain.

# 3

Le lendemain, elle ne se réveilla pas. Le surlendemain non plus. Les médecins ne pouvaient rien faire. « On ne lui a rien donné qui justifie qu'elle soit encore endormie », disaient-ils. Pendant l'opération, elle avait fait un arrêt cardiaque, peut-être dû à son âge avancé. Ils avaient tout mis en œuvre pour faire repartir son cœur, dont les battements avaient difficilement repris au bout d'une dizaine de minutes. Depuis, elle demeurait perdue dans les méandres de l'inconscient, il fallait juste attendre qu'elle se réveille.

Une routine quotidienne s'installa alors dans la famille. Tous les jours, de 14 heures à 15 heures et de 18 heures à 19 heures, seuls horaires de visite autorisés, nous nous rendions au service de réanimation. Et par petits groupes de trois nous restions à ses côtés. À cet instant, et même si nous refusions de l'admettre, nous n'avions plus face à nous la femme forte qui avait partagé nos vies, mais un corps impuissant dont la quiétude n'était interrompue que par quelques soubresauts dus à ses réflexes corporels.

Allongée sur le dos, elle était branchée à toutes sortes de machines censées contrôler ses organes, qui cesseraient bientôt de fonctionner. Cette femme indépendante et insubmersible était à présent inerte. Parfois, elle clignait des yeux et alors, emplis d'espoir, nous nous tournions vers le personnel médical qui, en deux mots, réduisait nos espoirs à néant : « Les réflexes. »

Assise à son chevet, je me disais qu'elle dormait juste d'un sommeil profond, qu'elle avait seulement besoin de se reposer, de se retrouver avec elle-même. Elle avait consacré sa vie à s'occuper de ses enfants, de ses petits-enfants, de ses arrière-petits-enfants, et elle aurait sans aucun doute encore pu attendre la génération suivante. Mais là, tout de suite, elle avait envie de penser à elle, d'avoir la paix pour quelques instants. Ou peut-être était-ce une farce, après tout… D'un coup, elle allait ouvrir les yeux en nous demandant, pleine de malice, comme une enfant fière de son mauvais coup, si on avait eu peur, si vraiment on pensait qu'elle était en train de mourir, une femme comme elle. Nous faire croire qu'elle partait pour mieux revenir après. Nous montrer, s'il était possible d'en douter, le vide de nos vies sans elle.

Me vinrent alors en mémoire les nuits à ses côtés. Enfant. Et, dans mes premiers souvenirs, c'est avec moi que, tous les soirs, elle partageait son lit. J'étais sûrement passée sans transition du sein de ma mère aux bras de ma grand-mère. Puis, après la circoncision de mon petit frère Almamy, elle avait décidé qu'il dormirait avec elle quelques jours, le temps de sa convalescence. Il ne m'avait finalement jamais rendu ma place.

Petit à petit, la peine perdait du terrain. Advenaient des soupçons de ressentiment, qu'il m'était difficile de refouler. Je lui en voulais de ne pas nous avoir avertis, de ne pas nous avoir retenus, ne pas nous avoir laissé le temps de lui dire à quel point nous l'aimions, parce qu'elle ne serait plus là pour l'entendre, ni demain, ni après-demain, ni les jours suivants. Qu'elle ne serait plus là, et ne subsisteraient d'elle que des souvenirs, des rires, des éclats de voix et de belles intentions.

Mon père avait fixé une règle simple quant à nos visites à l'hôpital : ne surtout pas pleurer. Il devait probablement percevoir dans ces pleurs la réalité de la situation : sa mère était en train de mourir, et cela, du haut de ses soixante-quatre ans, lui qui avait vécu toute sa vie auprès d'elle, il ne pouvait s'y résoudre. Alors on entrait dans cette chambre et on suivait tous le même cérémonial. On lui prenait la main, on récitait des prières et on se mettait à lui parler, commençant par la rassurer puis finissant par la supplier : « Ne t'inquiète pas, il ne faut pas que tu aies peur, tout va bien se passer. Mais maintenant, il faut que tu te réveilles. Allez, il faut que tu te réveilles, vraiment. » Avant de sortir, nous essuyions nos larmes, n'ayant pu obéir à l'injonction paternelle, et, rejoignant la salle d'attente, nous disions aux groupes qui attendaient leur tour pour la veiller qu'elle allait mieux, qu'elle avait l'air de réagir à nos paroles. Et eux de faire semblant de nous croire.

Dans la chambre attenante à celle de ma grand-mère, un jeune homme de dix-sept ans, qui s'était retrouvé dans une rixe avec des garçons de son âge, luttait aussi pour sa survie. Les coups qu'on lui avait portés avaient été si violents qu'il était à présent plongé dans le coma. Le parallèle avec la situation de ma grand-mère mit peu de temps à s'installer dans mon esprit. Ils avaient tous les deux une famille dévastée qui vivait au rythme de l'évolution de leur situation, mais lui avait toute la vie devant lui alors qu'elle avait toute la sienne derrière. Pourtant, et aussi égoïste que cela puisse paraître, si le pouvoir m'avait été donné d'en réveiller un des deux, le choix aurait été tout de suite fait. C'est moi qui aurais dû présenter mes condoléances.

La grossesse avancée d'Hadja l'empêchait de se déplacer, alors elle m'appelait après chacune de mes visites à l'hôpital :

« Alors ? Elle va mieux ?

— Oui, elle va mieux, enfin je crois… Je ne sais pas.

— Mais les médecins, qu'est-ce qu'ils disent ?

— Je ne comprends rien à ce qu'ils racontent. Je leur pose des questions concrètes et eux me répondent de manière évasive, jamais clairement. Je leur demande s'ils l'ont plongée dans le coma, ils me disent qu'ils ne lui ont rien donné pour qu'elle dorme. Je leur demande si elle souffre, ils me rétorquent que rien ne le montre.

— J'ai tapé dans Google : personne âgée – arrêt cardiaque – coma. C'est pas bon du tout. »

Elle se tut, puis reprit son souffle pour se donner la force d'ajouter : « Je crois que… », mais je la coupai avant qu'elle ne puisse poursuivre :

« Écoute, tout est entre les mains de Dieu, c'est lui qui décide. La seule chose qu'on puisse faire maintenant, c'est prier pour elle.

— Et Haby, qu'est-ce qu'elle dit ? »

Ma grande sœur Haby était infirmière. À nos yeux, c'était assez pour qu'elle fasse autorité.

« Elle dit que, même si elle reprend conscience, elle risque d'avoir des séquelles. Elle ne sera plus jamais la même, peut-être qu'elle ne se souviendra plus de nous.

— Elle n'en sait rien, Haby. Elle est solide, la grand-mère, je suis sûre qu'elle gardera toute sa tête.

— Oui, j'en suis sûre. Tu crois qu'elle va s'en sortir ? Vraiment ? »

Quelques jours après, au milieu de la nuit, je fus perturbée dans mon sommeil par des chuchotements, puis par une agitation de plus en plus perceptible. Je compris ce qui se passait avant même d'ouvrir les yeux, avant que ma mère ait posé la main sur mon épaule et m'ait réveillée avec douceur. Les médecins avaient appelé, il fallait venir au plus vite.

En entrant dans la chambre, je trouvai mon père debout près du lit de sa mère. Il la serrait dans ses bras, la serrait tellement fort qu'il aurait pu lui détacher la tête du corps. Sa pudeur culturelle le bridant dans ses démonstrations d'affection, je l'avais toujours vu témoigner son amour pour sa mère uniquement par des prières et des bénédictions religieuses. Je ne l'avais jamais vu l'embrasser, ni même la prendre dans ses bras. Mais là il la tenait près de son propre corps et récitait, en pleurant comme un enfant, des sourates pour l'aider à partir en paix. Puis, n'y pouvant plus, il demanda à mon grand frère Kitcha de prendre le relais.

Ses organes cessèrent de fonctionner les uns après les autres. Les moniteurs auxquels elle était branchée sonnaient en continu, nous rappelant l'aggravation indéniable de la situation. Le médecin décida de nous épargner ces sons en éteignant l'écran de contrôle : il suivrait l'état de ma grand-mère à l'extérieur de la chambre, dans un poste de soin. Le silence se fit peu à peu. On entendait bien encore quelques sanglots çà et là, mais surtout des versets coraniques murmurés. C'était la seule chose qui nous restait.

Plus tard, après un temps qu'il m'était impossible de mesurer, une heure ou deux, trois peut-être, un interne entra dans la chambre et, se tournant vers nous, nous présenta ses condoléances.

# 4

« Quoi ? »

Il me fallut quelques minutes pour saisir ce que je venais d'entendre. Je regardai le médecin, interloquée. J'avais envie de le secouer, de lui dire qu'il était fou. Il ne pouvait pas arriver, nous balancer cette nouvelle à la figure comme ça, certes avec toute l'empathie dont il avait fait preuve, et reprendre le cours de sa journée. En école de médecine, on devait sûrement suivre à un moment du cursus un cours sur l'annonce de décès parfaite, durant lequel on expliquait aux futurs praticiens les précautions oratoires à prendre et l'attitude qui était de mise dans cette situation. Celui-ci avait dû suivre les règles, de manière mécanique, comme il le faisait chaque jour, tout en y mettant une once d'humanité indispensable. Pour lui, c'était sûrement une mort de plus. Pour nous, c'était *juste la fin du monde*.

J'aurais voulu qu'il s'asseye quelques secondes, qu'on lui raconte ma grand-mère et qu'il finisse par revenir sur sa décision de nous annoncer sa mort, comme si elle lui incombait. J'aurais voulu qu'il comprenne qu'en nous quittant elle emportait nos vies avec elle. J'aurais voulu lui dire que c'était une de ces grands-mères, si vous saviez…

J'ai toujours pensé que la mort était une épreuve, dure, brutale. Qu'elle marquait le transfert de la vie éphémère à la vie éternelle. C'était *le* passage, par excellence. Pourtant, ma grand-mère l'avait franchi sans même qu'on s'en aperçoive, sans sursaut ni tressautement corporel. Après que ses organes eurent lâché, les reins, puis le pancréas enfin le foie, son cœur s'était arrêté. Elle était partie comme ça, sans bruit. On avait l'impression qu'elle avait juste oublié de reprendre son souffle.

Nous n'avions pas encore eu le temps de nous remettre du choc qu'il fallut organiser les funérailles. Même si mon père était mauritanien, la majeure partie de la famille était installée au Sénégal depuis de nombreuses années. Il était donc évident pour lui que sa mère serait inhumée à Dakar, au cimetière de Yoff, précisément. Mais ce ne fut pas l'avis de tous. Quelques jours après le décès, une dispute éclata entre mon père et son cousin :

« Tu ne peux pas enterrer ta mère à Dakar, ce n'est pas possible.

— Et pourquoi ça ? J'enterre ma mère où je veux.

— Non, tu n'enterres pas ta mère où tu veux. Elle vient d'Ajar, pourquoi est-ce que tu veux l'enterrer à Dakar ? Ça n'a aucun sens. Est-ce que les Français décident d'être inhumés en Italie ?

— Tu sais bien que ça n'a rien à voir, on a pratiquement tous nos attaches au Sénégal. Et puis c'est ma mère, je fais ce que…

— C'est notre mère à tous. Elle t'a peut-être mis au monde, mais c'est l'aînée de la famille, et par conséquent c'est notre mère à tous. Que tu le veuilles ou non. Alors soit tu acceptes de rapatrier le corps à Ajar, soit j'appelle Kisma. »

Kisma était l'oncle de mon père. Étant le plus âgé, il était le chef de famille dans le sens le plus large du terme, et vivait dans le village d'origine de ma famille paternelle, à Ajar, en Mauritanie. Le lendemain de l'altercation, il appela mon père à son tour. Après les salutations d'usage, il lui fit part de son agacement :

« Tu as décidé d'enterrer ta mère à Dakar ?

— Oui, c'est plus simple. Toute la famille vit là-bas, on pourra aller se recueillir sur sa tombe régulièrement.

— Tu ne peux pas faire ça. »

Il avait rétorqué cela d'un ton péremptoire, qui ne laissait aucune place à la négociation.

« Ta mère est une enfant d'Ajar, et c'est là qu'elle doit revenir.

— C'est vrai, mais, comme je l'ai dit, une grande partie de la famille est à Dakar, j'y ai ma maison et…

— Il reste de la famille à Ajar. Moi, j'y suis encore. Toi-même, un jour, tu finiras par y revenir, dit-il, pensant encore que l'immigration n'était pas une fin en soi et que ceux qui s'étaient exilés finiraient, un jour, par rentrer. De toute façon, je suis l'aîné de la famille, c'est moi qui décide.

— Tu es l'aîné de la famille, mais c'est ma mère, et, je le répète, on va l'enterrer à Dakar.

— Très bien, dans ce cas, à partir d'aujourd'hui apprenez à vous débrouiller sans moi, puisque vous êtes assez grands pour prendre vos décisions seuls. Je ne peux pas accepter un tel manque de respect, trouvez-vous un autre père. »

Mon père pouvait s'opposer à son cousin, il ne pouvait pas faire de même avec ses aînés. Force était de constater qu'il y avait plus grand et plus ancien que lui. Après de multiples discussions au sein de l'entourage familial et amical, qui tentait tant bien que mal de lui faire entendre raison, chacun prenant le parti de Kisma, ne manquant pas de ménager mon père dans son deuil tout en lui rappelant leurs traditions ancestrales, il dut se résoudre à accepter que le statut de sa mère était ce qu'il était et qu'il ne pouvait pas être le seul décisionnaire. Alors il l'enterrerait sur les terres qui l'avaient vue naître.

En quelques jours, une grande partie de la famille avait pris la décision d'accompagner le corps jusqu'à son lieu de sépulture. J'en faisais partie.

Un jour, j'avais acheté une petite valise dans une boutique de Belleville, et ma grand-mère m'avait réclamé la même. Surprise, je lui avais demandé ce qu'elle comptait en faire :

« Je m'en servirai comme bagage à main quand je retournerai vivre à Dakar.

— Tu vas rentrer à Dakar ? Pourquoi ?

— C'est chez moi. Un jour, il va bien falloir que je rentre. Je suis juste venue en France pour accompagner mon fils. »

Je la regardai, sceptique.

« Tu m'accompagneras quand je partirai ?

— Si tu veux que je t'accompagne, bien sûr, je le ferai, mais on sait toutes les deux que tu ne partiras pas. »

Et, sans crier gare, ce jour était arrivé, mais ce n'était pas le genre de départ que j'avais imaginé. Je me devais néanmoins de tenir ma promesse.

« Toi, tu vas aller à Ajar ? s'étonna ma tante maternelle Mariam quand je lui annonçai la nouvelle.

— Fanta ? À Ajar ? », renchérit ma mère.

L'image de la petite Parisienne m'avait toujours collé à la peau, alors que je me rende dans le village natal de mon père relevait de l'affabulation pour toute ma famille.

« Ça va réveiller ta grand-mère, cette histoire.

— Elle dit ça sur le coup de l'émotion, mais elle ne va jamais y aller.

— Elle est obligée, elle a promis à sa grand-mère qu'elle l'accompagnerait. Et une promesse, c'est une dette.

— Mais elle ne va jamais supporter Ajar une seule seconde. Jamais. »

*Ajar.* J'entendais ce nom depuis toujours. Située dans le désert mauritanien, on en parlait comme d'une contrée lointaine, si lointaine qu'on avait l'impression qu'elle n'existait pas, qu'elle sortait tout droit de l'imagination de mes parents, comme dessinée par le verbe d'une fable ancestrale. Nous, les enfants, n'avions jamais vu

Ajar, mais on avait fini par s'en faire une idée, forgée par la manière dont mon père la racontait. Au début, on avait associé sa terre natale à la punition : « Si vous ne travaillez pas bien à l'école, je vais vous envoyer jusqu'à Ajar, vous allez comprendre », disait-il souvent à mes frères. C'était la conjonction « jusque » qui attirait notre attention. Quand nous étions plus jeunes, l'Afrique nous semblait loin, alors Ajar… Puis, avec le temps, ce village était devenu un sujet de moquerie. On disait de certaines personnes : « C'est normal qu'il ne soit pas civilisé, il vient d'Ajar », ou encore : « Qu'est-ce que t'attendais de lui ? Le mec, il vient d'Ajar. » Et quand on désirait évoquer certains lieux dont on voulait signifier qu'il ne s'y passait rien, on se servait toujours d'Ajar comme point de comparaison :

« C'est le désert là-bas !

— Genre, comme Ajar ?

— Non, n'exagère pas. »

Même ma grand-mère, à qui nous avions demandé si elle retournerait y vivre un jour, avait répondu : « Ah non, surtout pas à Ajar. »

Je ne connaissais pas vraiment la Mauritanie. Le *bled*, pour nous, c'était le Sénégal, chez notre grand-mère maternelle ou chez notre tante paternelle. C'était un pays qui m'était inconnu et qui semblait aussi l'être pour le commun des mortels. Lorsque je disais que j'étais d'origine mauritanienne, on me répondait parfois : « Oui, je connais, c'est un pays juste à côté de… aide-moi un peu… », ou encore « Ah oui, l'île Maurice ? » Dans mon enfance, il m'arrivait de voir des images du pays à la télévision, précisément pendant le rallye du Paris-Dakar, où j'observais mon père concentré devant France 2, essayant de reconnaître les habitants des quartiers dans lesquels déferlaient les grosses voitures et les motos participant à la course. Mis à part cet événement médiatisé, on n'en entendait pas souvent parler, voire jamais. Je ne comprenais pas comment ce pays, qui avait pourtant une place centrale en Afrique de l'Ouest, n'avait pas la même notoriété que ses voisins maghrébins ou subsahariens. En y réfléchissant, je me rendis compte que je ne connaissais moi-même personne qui en était originaire, excepté les membres de ma famille. Je vivais pourtant dans un quartier cosmopolite, où cohabitaient des dizaines de cultures et de nationalités différentes, mais il n'y avait pas trace de Mauritaniens.

La veille du départ, je tapai « Ajar » dans un moteur de recherche. J'avais besoin de clarifier le flou dans lequel je me trouvais, de savoir où j'allais.

Le premier lien me renvoya à Émile Ajar. Comment avais-je pu passer à côté de l'homophonie entre le nom de cet auteur et le village de ma famille paternelle ? Je me souvins que pendant longtemps je n'entendais le nom d'Ajar qu'à travers l'accent de mon père, qui transformait alors la lettre *j* en son *z* et roulait les *r*. *Azarr.* Je me dirigeai vers ma bibliothèque et, promenant mes doigts sur les dos des livres, je dénichai ce que je cherchais : *La Vie devant soi*. Je devais être au collège quand je lus cette œuvre pour la première fois, et je n'en avais gardé que de brefs souvenirs. Je l'ouvris et fus tout de suite décontenancée par les premières pages. Dans ce roman dont le personnage central était une femme âgée dévouée aux autres, l'auteur évoquait le quartier de Belleville où vivait ma famille depuis le début des années 1980, les foyers de la rue Bisson dans lesquels j'allais parfois vendre avec ma grande sœur Mariam les jus de ma grand-mère, mais aussi l'ethnie de mes parents : les Soninkés. En outre, Romain Gary n'avait pas publié ce texte sous sa véritable identité, mais avait choisi un pseudonyme au nom évocateur pour moi. Parmi la multitude de patronymes qui s'offrait à lui, il avait choisi celui d'Ajar. Il n'en fallut pas plus pour que je voie, dans tous ces signes, une trace du destin.

Le deuxième lien me dirigeait vers le site de l'Association des jeunes anesthésistes-réanimateurs, le troisième à l'Association des juristes d'assurance et de réassurance, mais rien sur ce petit village mauritanien. Dans cette société mondialisée où l'on pouvait trouver tout sur tout, Ajar avait échappé aux radars.

# 5

Dès la descente de l'avion, sur le tarmac de l'aéroport, je fus saisie par la chaleur étouffante de la capitale mauritanienne, accentuée par la sécheresse des rues ensablées aux nuances ocre. Pendant le trajet jusqu'au domicile de mon oncle, où toute la famille de Paris allait séjourner en attendant le départ pour Ajar, j'observais, le nez presque collé à la vitre, la ville qui s'offrait à mes yeux. Curieusement, je m'attendais à découvrir une pâle copie de Paris, comme c'était le cas pour Dakar, avec ses immeubles en dur et ses restaurants de cuisine internationale ; seule l'absence de goudron me signifiait que nous n'étions pas en France ou en Europe. Contrairement aux autres capitales africaines, Nouakchott n'avait pas subi l'influence européenne et n'était pas devenue une ville ressemblant à toutes les autres, sans aucune identité. Pour autant, il était difficile de savoir si cela était dû à une volonté de garder les traces de son histoire et de ses coutumes, ou si les difficultés économiques ne lui avaient pas permis de rentrer de plain-pied dans la modernité. On y voyait quelques bâtiments qui peinaient à sortir de terre, cohabitant avec des boutiques à la structure bancale et des étals à même le sol, où se vendaient toutes sortes d'articles, des bâtons de *siwak*, branche servant de brosse à dents naturelle, aux cartes téléphoniques. Surgissait parfois une énorme villa clinquante, en plein milieu d'un terrain vague, qui jurait avec le reste du quartier dont les constructions étaient beaucoup plus sommaires. Elle était probablement la propriété d'Européens ayant immigré en Mauritanie, ou au contraire de locaux expatriés en France ou ailleurs. Sur les routes, les gros 4×4 croisaient naturellement des taxis aux portières sans poignée, et dans ce décor déambulaient, non sans une certaine grâce, les Nouakchottois, tous habillés de manière traditionnelle, les hommes avec leur grand boubou et leur turban qui les protégeait du soleil, les femmes avec leur *melhfa*, un long tissu non tissé qu'elles enroulaient autour de leur corps avant de le faire passer sur leurs cheveux. Avec l'impression étrange que ces hommes et ces femmes sortaient tout droit du désert.

Quelques jours après notre arrivée, nous nous préparâmes à quitter la capitale pour nous rendre au village. Il fallut d'abord passer par l'aéroport de Nouakchott, où le corps de la défunte venait tout juste d'être débarqué. Je voulais dire « elle » en écrivant ces lignes, mais, à ce moment-là, devant la zone de fret de l'aéroport, au milieu de marchandises et d'autres trépassés, ma grand-mère était totalement déshumanisée. On ne l'appelait plus par son prénom, on disait « le corps ». Ce dernier, dans un linceul blanc classique – on avait eu beau chercher, fouiller dans les affaires de ma grand-mère, vider ses placards, il avait été impossible de mettre la main sur le tissu qu'elle portait lors de son pèlerinage à La Mecque et dans lequel elle souhaitait être enterrée –, avait été placé dans un cercueil, fixé sur le toit d'une des voitures du convoi.

En début d'après-midi, après avoir accompli toutes les formalités administratives, nous prîmes enfin la route. Le cortège mortuaire était composé d'une dizaine de voitures, entourant celle sur laquelle trônait ma grand-mère. Installée dans le véhicule qui la suivait, je ne parvenais pas à quitter le cercueil des yeux. Comment était-il possible qu'en un laps de temps si court elle ait pu rire aux éclats puis finir définitivement enfermée dans une boîte ?

Au bout d'une demi-heure, nous fûmes arrêtés par des militaires pour un banal contrôle d'identité. S'adressant directement aux conducteurs, l'un d'eux réclama les passeports de tous les passagers. Il se rendit ensuite dans la baraque qui leur servait de poste de garde, puis, après vérification, nous autorisa à partir en nous remettant nos documents. Plus la ville disparaissait, tandis que nous nous enfoncions dans le désert, plus ces contrôles inopinés s'intensifiaient. Au sixième arrêt, n'y tenant plus, je m'adressai au chauffeur :

« On pourrait arrêter de leur montrer nos passeports français, s'il vous plaît ?

— Pourquoi ? »

Le chauffeur semblait surpris par ma question.

« Parce que je n'ai pas envie de finir au JT de TF1, le présentateur annonçant que des ressortissants français ont été enlevés en Mauritanie par Al-Qaida au Maghreb islamique. »

Peu avant mon départ, j'avais consulté le site de la diplomatie française pour m'informer de la situation en Mauritanie, comme je le faisais chaque fois que je me rendais dans un nouveau pays. Les autorités recommandaient une « vigilance accrue due aux risques terroristes », justifiant leur mise en garde par une liste des différents attentats contre l'ambassade de France, et par les enlèvements qui avaient déjà eu lieu dans le pays, trois Espagnols en novembre 2009, deux Italiens en décembre de la même année, un Français en novembre 2012. Elles concluaient en rappelant que « les intérêts et les ressortissants français constitu[ai]ent des cibles privilégiées pour AQMI », ce qui accentua mon anxiété, principalement liée aux motifs de mon voyage, à mon arrivée sur le territoire.

Une de mes cousines, qui n'avait jamais quitté la Mauritanie, se mêla à la conversation :

« Tu crois vraiment qu'il y a Al-Qaida ici ?

— Bien sûr ! C'est même votre Président qui l'a dit.

— Mais il a dit ça pour se rendre intéressant, parce que personne au monde ne connaît la Mauritanie ou n'y prête attention.

— Vous avez fait croire qu'il y avait AQMI sur votre territoire juste pour avoir un peu de notoriété ? Vous ne pouviez pas monter une équipe de football, comme tout le monde ?

— Tu sais, on n'est pas très bons en foot… De toute façon, sois tranquille. En général, les djihadistes prennent des Blancs en otage. Les Noirs, je ne suis pas sûre que ça se vende bien. Hollande ne se donnera sans doute pas la peine de venir vous chercher. »

Elle ajouta :

« Si tu ne montres pas ton passeport aux militaires, ils considéreront que tu es sans papiers et tu pourras finir en prison. Et, crois-moi, s'il y a une chose dont je suis sûre, c'est qu'ici on est mieux traité quand on est otage que quand on est détenu. »

Le temps s'écoulait, lentement, très lentement, ponctué par des contrôles de plus en plus rares et par les différentes pauses que les prières obligatoires imposaient. À présent, la nuit tombait, les signes de vie se raréfiaient, les routes dessinées par l'homme disparaissaient. On ne distinguait plus aucune trace de végétation, et le silence n'était altéré que par le moteur des voitures. Il m'était devenu impossible de quantifier le nombre d'heures que nous avions passées sur la route ; le temps ne semblait plus officier dans cette partie du monde. La signalétique non plus : les chauffeurs suivaient une trajectoire droite, puis soudainement tournaient à gauche, puis à droite, sans panneau indicateur ou GPS. Je me demandais comment ils se repéraient, il n'y avait pas même un arbre ni une touffe d'herbe pour leur servir de balise.

Alors que je commençais à somnoler, tous les véhicules s'arrêtèrent.

« On est arrivés ?

— Aucune idée », me répondit ma cousine.

Je regardais à travers la vitre, essayant en vain de distinguer une pancarte – rêvons un peu – ou même un signe de vie qui me laisserait penser qu'on se trouvait enfin à Ajar. La nuit était d'un noir profond, les phares éteints.

« On est arrivés ? demandai-je au conducteur.

— Je crois, oui. »

*Je crois, oui…*

Depuis l'accident de ma grand-mère, j'avais le sentiment que tous les gens autour de moi passaient leur temps à croire. Croire que cette chute n'était pas si grave, croire que l'opération était une formalité, croire qu'elle allait se réveiller, croire qu'elle n'allait pas mourir. Et maintenant le chauffeur, dont la mission était de nous emmener au village et dont on pouvait naturellement supposer qu'il savait le situer, « croyait » qu'on était arrivés. J'avais préféré m'accrocher à la nuance du doute qu'on pouvait saisir dans le verbe « croire » lorsque cela concernait l'état de santé de ma grand-mère. Mais, épuisée par le voyage, je souhaitais à présent entendre de la certitude dans la réponse à la question que j'avais posée. Oui, nous étions enfin à Ajar.

Nous sortîmes dans ce qui semblait être une vaste terre. Au bout de quelques minutes, mes yeux s'habituèrent à l'obscurité. Désormais, je distinguais des ombres qui s'avançaient vers nous, sûrement des membres de la famille qui avaient veillé en nous attendant. Alors que la plupart d'entre eux ne s'étaient pas vus depuis des années, il n'y eut aucune effusion de sentiments, juste les salutations d'usage. Puis, peu à peu, on entendit des sanglots qui se firent de plus en plus nombreux et intenses. Nous autres avions eu le temps d'accepter la mort de ma grand-mère, tandis qu'eux commençaient tout juste leur deuil. La vue du cercueil avait matérialisé ce qu'ils avaient appris un matin par téléphone : elle n'était plus.

On nous servit de grands plats de viande grillée, dans lesquels nous mangeâmes tous ensemble, en silence, puis on nous mena vers une pièce sommaire, constituée de quatre murs et de quelques paillasses sur lesquelles, même en voulant résister par politesse, je tombai de fatigue. J'avais hâte de visiter ce lieu, mais il était bien trop tard pour voir Ajar.

# 6

« Qu'est-ce que c'est ?
— Quoi ? Pourquoi tu cries ? »

Je m'étais réveillée en sursaut, sentant quelque chose de visqueux sur mes bras nus. Il s'agissait d'une grenouille qui, au cours de la nuit, s'était aventurée dans la pièce où je dormais et avait perdu son chemin. Elle semblait à présent effrayée par le cri strident que j'avais poussé.

La femme qui se trouvait avec moi semblait tout aussi surprise par la présence de ce petit animal. Elle avait une trentaine d'années et faisait sans nul doute partie de ma famille, mais, pour le moment, il était impossible pour moi de la placer sur l'arbre généalogique. L'arrivée tardive à Ajar, dans la nuit noire et en plein deuil, n'avait pas permis des présentations en bonne et due forme. Elle observait le batracien tout en réfléchissant, tel un expert de la police criminelle face à une preuve qui remettait toute son enquête en cause.

« C'est vraiment bizarre, normalement il n'y a plus de grenouilles à Ajar. »

Je ne savais pas qu'il y avait eu un jour des grenouilles à Ajar et, pour être honnête, cette information ne m'était pas d'un grand intérêt. Mais je fis l'effort de poursuivre la conversation :

« Pourquoi ? Elles ont cessé de se reproduire ?

— Non, un jour un Chinois est venu et les a toutes prises. »

Je la regardai, interloquée, prêtant finalement une oreille attentive à ce qu'elle me racontait au vu de l'étrangeté de cette histoire.

« C'est une blague ?

— Pas du tout.

— Attends, tu es sérieusement en train de me dire qu'il y a un Chinois qui a débarqué à Ajar et qui vous a pris toutes vos grenouilles ? Déjà, comment est-ce qu'il a pu connaître Ajar ? Je veux dire, si tu ne viens pas d'Ajar, tu ne connais pas Ajar.

— Mais Ajar, c'est connu dans le monde entier. »

Elle avait l'air tellement sûre d'elle que je n'osai pas la contredire.

« Et donc il est venu à Ajar, on ne sait pas comment, et il a pris les grenouilles ? Comme ça ?

— Exactement.

— Et vous n'avez rien dit ? Je ne sais pas, c'est quand même vos grenouilles.

— Bah non, ce ne sont pas nos grenouilles. Elles ne sont pas à nous, elles ne sont à personne. Elles vivent à Ajar, et c'est tout. »

Je n'éprouvai ni le besoin ni la force de relancer la discussion, d'essayer de comprendre. Le soleil s'était levé, mais je n'avais aucune idée de l'heure qu'il pouvait être. Je décidai d'aller à la recherche de visages connus et, passant le seuil de cette pièce nue qui me servait de chambre, je vis Ajar pour la première fois.

Alors c'était ça. Je regardais tout autour de moi, ne sachant par où commencer. À ma droite, une étable était occupée par des bêtes qui seraient sans doute bientôt sacrifiées, pour servir d'ingrédient principal à la préparation du *thiéboudienne* (ou *thieb*), plat traditionnel en Afrique subsaharienne, à base de riz et de légumes, accompagné de viande ou de poisson. Je m'avançai pour les observer de plus près. Pendant quelques instants, comme une enfant, ou plutôt comme la Parisienne que j'étais, habituée des animaux en barquette sous vide, je m'attendrissais quand une femelle protégeait son petit, sursautait quand elle faisait un geste brusque. Je commençais à me lasser quand un de mes oncles s'approcha de moi :

« Tu sais que ton père est né ici ? »

Je répondis par l'affirmative, et il ajouta :

« Non, mais ici, précisément. Là où il y a les bêtes. »

Je le regardai fixement, décontenancée, attendant un clin d'œil ou un éclat de rire, un signe qui me confirmerait que ce n'était qu'une blague. Mais rien. Je lui souris pour clore ce bref échange et le laissai planté là.

Je me dirigeai ensuite vers ce qui constituait la cuisine. Il n'y avait pas de pièce dédiée à proprement parler. Elle s'organisait autour d'un gaz portatif, près duquel trônaient de grosses marmites, indispensables pour nourrir les familles nombreuses qui constituaient la société africaine. Il n'y avait pas de piles d'assiettes individuelles, mais de grands plats en aluminium, dans lesquels les repas étaient pris collectivement. L'électroménager était quasiment inexistant. Sur le sol en revanche était fièrement installé un mortier en bois, accessoire incontournable dans lequel les aliments étaient broyés par la force des bras des femmes manœuvrant le pilon. Je me demandais comment, à partir d'un confort aussi sommaire, on pouvait préparer des plats aussi élaborés que le *thieb* ou le *mafé*, sauce à l'arachide servie sur un riz blanc.

Poursuivant ma visite, je vis au loin la mosquée dont j'avais si souvent entendu parler. C'était sans nul doute le bâtiment le plus abouti du village, comme pour signifier que c'était chez Dieu que les habitants avaient accès à l'essence et à l'essentiel de leur existence. Elle était financée depuis de nombreuses années par la diaspora ajaroise. Ajaroise ? Je ne savais pas en l'écrivant si j'avais inventé cet adjectif ou s'il était vraiment usité. Lorsque j'entendais parler des habitants de ce village, c'était toujours par le biais des membres de ma famille, dans leur langue maternelle, qui traduisait le suffixe « -ois » par le suffixe « -nké ». Il y avait donc déjà un terme précis pour les désigner : *ajaranké*. Pour autant, j'éprouvais le besoin de les nommer, de leur donner une identité dans ma langue natale, au même titre que les habitants d'autres villes ou d'autres pays. J'avais ainsi le sentiment de leur donner chair. Chaque année, donc, tous les hommes de la communauté, du moins ceux en âge de travailler, cotisaient à hauteur de cinquante-cinq euros pour la construction de l'édifice religieux qui s'érigeait devant mes yeux. Le prix avait été fixé à cinq euros mensuel – un mois étant offert, comme avec une carte de fidélité classique mais dont les tampons étaient imprimés dans la tête du responsable de la caisse. Ce dernier se chargeait de faire la collecte à Paris, puis l'argent était envoyé *via* des entreprises de transfert monétaire ou remis en main propre au chef du village lors d'un voyage sur place.

Pendant de longues minutes, je contemplai cette mosquée qui avait la veille accueilli la dépouille de ma grand-mère, jusqu'à ce que les voix de mes sœurs me tirent de mes pensées. Elles étaient assises en compagnie de mes cousines et me firent un signe pour que je les rejoigne. Je les trouvai concentrées, en plein débat. Elles observaient un groupe d'hommes qui encerclait un autre homme. Le contraste était saisissant. Tandis que le groupe s'agitait, secouant frénétiquement des éventails à la recherche d'air frais dans la touffeur, l'homme au centre restait immobile, ne paraissant pas être troublé par l'excitation qui régnait autour de lui, et ne bougeant le bras dans un geste lent que pour distribuer les nombreuses baguettes de pain placées dans un grand sac à ses côtés. Il semblait sans âge. On avait l'impression qu'il avait traversé les siècles, comme en témoignait son visage creusé de rides irrégulières, alors que ceux qui l'entouraient n'avaient pas encore vu la vingtaine.

« Qui c'est ? interrogeai-je.

— Kisma Hademou. »

Je rencontrais enfin le chef de la famille. L'aîné. Ce qui lui conférait *de facto* ce statut de chef. De son petit village perdu au fin fond de la Mauritanie, il prenait des décisions qui pouvaient avoir un impact sur la famille aux quatre coins du monde, réussissant même à faire plier mon père quant au lieu de sépulture de sa propre mère. Je l'avais imaginé dans une grande maison pleine de bonnes à son service, habillé de grands boubous en bazin riche, passant la journée à recevoir des gens et à donner des ordres. Mais il était assis à même le sol dans la simplicité la plus totale. Seule l'aura qu'il dégageait témoignait de sa grandeur.

Mes sœurs n'avaient pas interrompu leur conversation à mon arrivée, et j'essayai alors d'en saisir le fil.

« Qu'est-ce que vous faites ? leur demandai-je.

— Tu vois les jeunes qui sont derrière Kisma ?

— Oui.

— On essaie de déterminer parmi eux qui sont les fous.

— Les fous ?

— Bah oui, il est réputé pour soigner les fous. Du coup, on lui envoie tous ceux des villages alentour, et il les soigne. C'est un grand marabout. »

À ces mots, un jeune garçon renchérit :

« C'est un très grand marabout, même. Une fois, on a amené un homme d'un village voisin. Ils ont dû prendre six gaillards pour le transporter tellement il était agité. Ils l'avaient attaché avec de grosses cordes pour l'immobiliser. Quand il est arrivé, Kisma s'est avancé vers lui, lentement, le dos courbé parce qu'il est très âgé malgré tout, et il a ordonné qu'on le détache. Personne ne voulait parce qu'ils avaient peur que, pris d'une crise de démence, il agresse tout le monde. Mais Kisma a insisté, et vous savez quoi ? »

Il avait marqué une pause dans le but d'installer un faux suspense, dont il était le seul dans l'assistance à attendre le dénouement, puis il reprit son souffle avant de poursuivre le récit qu'il avait débité d'une traite :

« Vous savez quoi ?

— Non, on ne sait pas, mais on sent que tu vas nous le dire, répliquai-je, amusée.

— Eh bien, il s'est calmé. Comme ça. Il était guéri. Kisma l'a regardé, et il était guéri. Il lui a chuchoté quelques mots dont il garde le secret, et c'était réglé. Depuis, il est retourné dans son village, et désormais tout va bien. »

Il avait les yeux brillants de celui qui venait de faire une grande révélation, mais cela n'avait pas eu l'effet escompté. Il n'y avait eu ni cris de surprise ni visages ébahis. Pourtant, culturellement et par notre éducation, nous n'avions pas de mal à croire ces histoires de guérisseurs occultes, elles avaient toujours fait partie de notre vie, mais celle-ci était beaucoup trop invraisemblable pour être crédible.

« OK, donc on a Dumbledore au centre, et autour comment vous reconnaissez les fous ?

— Regarde, les deux, là, par exemple, ils n'arrêtent pas de nous fixer depuis tout à l'heure. Ils ne clignent même pas des yeux.

— Peut-être qu'ils nous fixent parce qu'ils nous prennent pour des fous, eux aussi. Depuis notre arrivée, on observe le village comme si on avait débarqué sur une autre planète, on se tient devant eux et on les observe en faisant des messes basses, on s'exclame sur ce qui n'est que des détails pour eux, on demande à être accompagné dès qu'on se déplace, même pour aller aux toilettes, on est fasciné par des bêtes, comme si on en voyait pour la première fois, on se demande si ce sont vraiment elles qu'on va manger. »

Je me tus un instant, puis j'ajoutai :

« En même temps, vous avez peut-être raison, je crois qu'il y a vraiment des fous dans ce village. Ce matin, j'ai croisé une femme qui m'a raconté qu'un Chinois avait débarqué à Ajar pour prendre toutes les grenouilles, et un homme m'a expliqué que papa était né dans une étable. D'ailleurs, c'est peut-être pour ça qu'il est si respecté dans la famille, c'est un peu comme leur Jésus. »

Le jeu du « Qui est fou ? Qui n'est pas fou ? » ayant perdu toute saveur, nous observions le village en silence, attendant que la journée daigne s'écouler. Ma sœur Coumba rompit notre désœuvrement et me demanda :

« Tu as réussi à capter un peu de wifi ?

— Sérieusement ? Il n'y a même pas l'eau courante, tu me parles de wifi ? »

Je sortis quand même discrètement mon téléphone et vérifiai. Il y avait bien dans ce village un sage guérisseur de fous et un Chinois qui était apparu par magie pour récolter toutes les grenouilles, alors la wifi, finalement, ce ne serait pas si étonnant que cela. Mais j'avais beau tourner et retourner mon téléphone dans tous les sens, le diriger vers le ciel à droite puis à gauche, sous les yeux moqueurs de ceux qui m'entouraient et comprenaient l'absurdité de la situation, il n'y avait rien. Pas même l'ombre de la plus petite barre de réseau qui soit.

Je les quittai en prétextant que j'allais chercher une connexion ailleurs. Le petit déjeuner n'avait pas encore été servi mais je commençais à avoir faim. Je partis donc à la recherche d'une boutique dont on m'avait parlé, dans l'espoir d'y trouver quelque chose à grignoter en attendant. Mais j'avais beau passer et repasser, tourner et retourner aux mêmes endroits, je ne voyais pas trace de ladite échoppe. Je finis par tomber dessus par hasard et compris tout de suite pourquoi je ne l'avais pas repérée. Je m'attendais bêtement à un petit commerce, surplombé d'une enseigne aux couleurs criardes. Il s'agissait en réalité d'une sorte de cabane aux murs nus. À peine étais-je entrée que le vendeur me dit : « Il n'y a plus rien. » Je regardai le peu d'étagères, dépouillées de leurs marchandises, qui confirmaient ses propos. Il n'y avait même pas trace d'une bonne vieille bouteille de Coca-Cola. Ce devrait d'ailleurs être un indice de mesure des villages reculés, la commercialisation du Coca-Cola, un moyen de jauger leur isolement, parce que ce produit était devenu tellement universel que, où que l'on soit, on était censé pouvoir en trouver. Le commerçant ajouta :

« Depuis hier soir, les Français, vous avez tout dévalisé. Il faut que j'aille chercher des provisions dans un village voisin, mais ce ne sera pas avant demain. » Visiblement, Ajar, qui n'avait jamais connu pareille affluence, ne s'était pas préparé à l'arrivée d'étrangers biberonnés à la société de consommation occidentale.

Je poursuivis mon chemin et revis au loin Kisma Hademou. Depuis mon arrivée sur ses terres, je ne l'avais toujours pas salué. Je m'avançai alors vers lui, non sans une certaine crainte, partagée entre l'idée que ces récits de fous n'étaient qu'un bizutage et la peur que la folie d'un de ces jeunes hommes se révèle à mon approche. Je le trouvai en pleine discussion et patientai donc avant de me présenter. Quelques minutes plus tard, j'étais assise au sol face à lui. Je ne m'attendais pas à ce qu'il me reconnaisse, il ne m'avait sans doute jamais vue, même pas en photo. L'évocation seule de mon prénom ne pouvait pas l'aider non plus, les Fanta étant légion dans la famille. J'avais hérité de ce nom en hommage à la petite sœur de mon père, à qui on ne comptait pas moins d'une quinzaine d'homonymes, de *torolas*, comme on disait. Traditionnellement, chaque enfant qui naissait portait le nom d'un oncle, d'une tante, d'un grand-parent ou même d'un ami, un hommage à quelqu'un qui nous était cher. Par la suite, pour distinguer deux *torolas*, il suffisait d'accoler au prénom de chacun le prénom de son père. Au civil, j'étais Fanta Dramé, chez moi, Fanta Yely. Même si nous étions nés en France, nous portions tous des noms de nos pays d'origine. Mais l'inverse se produisait aussi, même si cela restait sporadique. Un de mes oncles qui travaillait grâce aux papiers d'identité d'un tiers dans une société de ménage avait été démasqué par son employeur après un banal contrôle. Pour autant, sa patronne avait mis tout en œuvre pour pouvoir le garder dans son entreprise et, à terme, l'aider à régulariser sa situation. Il lui en avait été reconnaissant à vie et avait décidé de donner son prénom à une de ses filles restées au pays, raison pour laquelle, dans un petit village de Mauritanie, au milieu des Hawa et des Moussa, s'épanouissait une petite Martine, qui portait donc le nom de celle qui, par pure fraternité, avait permis à son père de s'en sortir.

Les yeux de Kisma Hademou s'illuminèrent quand il entendit mon nom, comme ils avaient dû s'illuminer face à ses dizaines de petits-enfants et d'arrière-petits-enfants qu'il rencontrait pour la première fois et, vu son âge avancé, sûrement la dernière. Il me souhaita la bienvenue et se lança dans un récital de bénédictions que la barrière de la langue m'empêchait de saisir pleinement. Je restai subjuguée par son charisme et ne pus finalement m'empêcher de le croire capable de soigner les fous à coups d'incantations magiques. À sa mort, un an plus tard, ses mots résonnaient encore dans mon esprit. Il avait quitté ce monde un matin et avait été enterré l'après-midi même, avant que le soleil se couche, comme le voulait la tradition. « Mais avant de l'enterrer aussi vite, vous vous êtes bien assurés qu'il était vraiment mort ? », avais-je demandé à mon père. Après le deuil, il avait fallu désigner un nouveau chef de famille. L'aîné suivant vivait à Paris. Du jour au lendemain, il avait tout abandonné pour rejoindre le village. J'avais demandé à mon père s'il assumerait son rôle quand son tour arriverait. Surpris par ma question, il avait répondu par l'affirmative : « Bien sûr ! Je ne vais pas abandonner Ajar. » Comme si cela allait de soi.

J'avais à présent tout vu. Mis à part la mosquée et les quelques habitations sommaires, Ajar ne semblait pas avoir évolué depuis l'origine du monde. Le village donnait l'impression d'être resté fidèle à ce que Dieu en avait fait. À y regarder de plus près, les habitants y vivaient bien, loin des stéréotypes de misère dépeints dans les journaux télévisés. C'était sûrement en les voyant que des personnes émerveillées par cette vie austère se disaient, sur un ton paternaliste, qu'on ne connaissait pas la valeur des choses en Europe, que finalement il en fallait peu pour être heureux, ou encore que ces gens donnaient tout sans avoir rien, des gens qui étaient ravis de retrouver leur confort habituel quelques jours plus tard, et dont il me fallut reconnaître que je faisais partie. J'avais croisé tout au long de ma balade des Ajarois qui avaient construit leur vie ici, et qui ne semblaient pas avoir de velléités de départ. Certains me saluaient chaleureusement, d'autres m'interpellaient pour bavarder ou pour m'éclairer sur nos liens de parenté, m'expliquant qu'ils étaient les cousins de mon oncle ou qu'ils avaient la même mère qu'une de mes tantes. Je faisais alors semblant de comprendre ces connexions qui faisaient qu'on était de la même famille. En réalité, j'avais toujours eu du mal avec mon arbre généalogique. J'en avais compris la complexité un jour où, en CE2, la maîtresse m'avait demandé de le réaliser. Le soir, j'avais sollicité l'aide de mon père qui avait été totalement désemparé. Il n'y avait pas assez de cases pour tous nous représenter, et aucune flèche suffisamment particulière pour signifier la complexité de certains liens familiaux. On avait fini par y présenter une famille restreinte, à l'image du modèle occidental, avec deux parents, quatre grands-parents et quelques cousins en nombre raisonnable.

Au loin, j'aperçus mon père. Je l'observai, me demandant s'il avait gardé quelques repères dans les terres qui l'avaient vu naître, ou si avec le temps il avait fini par s'y sentir étranger. Il les avait quittées depuis près de quarante ans. Pourtant, on avait le sentiment qu'il y avait toujours vécu, tant il était à l'aise. Mais lui était à l'aise partout, aussi bien dans le désert mauritanien que dans les faubourgs parisiens. En rejoignant ce qui me servait de chambre, les images d'Ajar défilaient dans mon esprit. Aucun indice ne pouvait laisser penser qu'on vivait au XXI$^{e}$ siècle. Et puis, tournant la tête, je vis, près de l'unique prise murale, une douzaine d'iPhone qui attendaient d'être chargés.

# 7

« Je vais écrire ta vie, papa. »

Peu de temps après l'enterrement, auquel nous n'avions pas assisté puisque la religion l'interdisait aux femmes, nous étions rentrés à Paris. Les quarante jours du deuil s'étaient écoulés, la vie avait repris son cours. Pendant des semaines, j'avais fanfaronné auprès de ceux qui n'avaient pas fait partie du voyage. J'étais sans aucun doute la moins traditionnelle de la famille, on me le reprochait parfois, mais moi, au moins, j'avais posé les pieds à Ajar, la terre de nos ancêtres, alors qu'eux n'allaient jamais au-delà de Dakar. Je brandissais cela comme une médaille, comme un totem d'immunité face aux critiques futures, comme une fierté d'avoir foulé le sol originel de la famille. En réalité, je n'avais pas tenu plus de quarante-huit heures. Après l'enterrement, j'avais passé la journée à chercher une voiture qui partirait le plus tôt possible pour la capitale mauritanienne.

« C'est-à-dire ? me répondit mon père.

— Je vais raconter ta vie dans un livre.

— Mais pourquoi ?

— Parce que je ne comprends pas comment tu as pu commencer ta vie à Ajar, décider un jour de tout quitter, traverser la Mauritanie puis la Méditerranée, arriver en

France et enfin rejoindre Paris alors que, moi, je ne vais même pas dans le 77. »

Je savais, bien entendu, que mon père avait immigré en France dans les années 1970, mais je n'avais jamais saisi la dimension de son parcours. Tel un Rastignac du XX^e^ siècle, il avait quitté son foyer pour tenter de réussir ailleurs. Un Rastignac premium, même, parce que lui n'avait pas seulement quitté la province pour Paris. Il avait quitté un village, un pays, un continent, une vie pour un hypothétique avenir prétendument meilleur en France. J'avais le sentiment d'avoir devant moi un authentique personnage de roman, le héros d'un récit initiatique. Les premiers chapitres de son histoire romanesque me conforteraient dans mon intuition.

« Mais qu'est-ce que tu vas raconter ?
— Tout. Ton enfance et ton adolescence à Ajar, pourquoi tu as décidé de partir, ton arrivée à Paris, notre arrivée dans ta vie aussi. Tout. Depuis 1949 jusqu'à aujourd'hui. Tout. »

Assis dans le salon familial, entouré des siens, il me regardait, fasciné par ce que je lui disais. Il aimait cela, raconter des histoires, alors pourquoi pas ? Mais il se demandait si j'étais sérieuse, si ce n'étaient pas des mots en l'air. Mon grand frère Kitcha, qui se tenait à ses côtés, prit la parole. En réalité, il s'appelait Ladji, du nom de mon grand-père paternel, ce qui lui conférait le titre de Kisma, qui signifiait grand-père. Mais ce nom s'était transformé en Kitcha dans nos bouches d'enfants, et il avait fini par garder ce surnom.

« En ce qui me concerne, j'apprécierais que tu ne parles pas de moi dans ton livre. Je ne participe pas à tes délires. » Il avait interrompu la lecture d'un des nombreux livres religieux qu'il passait son temps à lire. Comme tous les enfants de la famille, il avait été élevé dans la religion musulmane, mais lui y avait consacré sa vie. À l'adolescence, à sa demande, il était parti quelques années étudier dans une *madrassa*, une école coranique, au Sénégal. Il parlait et lisait couramment l'arabe, ce qui lui permettait de se lancer dans de grands débats théologiques avec mon père, échanges qui pouvaient durer des heures, chacun piochant dans les livres de notre vaste bibliothèque pour justifier ses arguments. À chaque doute sur une question religieuse, c'est à lui qu'on s'adressait, même pour les points les plus prosaïques : « Dis-moi, le vinaigre d'alcool, c'est *halal* ou *haram* ? » Il commençait alors chacune de ses phrases en nous rappelant que seul Dieu est omniscient et qu'en ce sens il lui demandait par avance pardon s'il se trompait. C'est seulement après cela qu'il se permettait des explications précises qu'il justifiait à l'aide de versets ou de hadiths, les paroles du Prophète. Il était la voix de la sagesse de la famille. À présent, à vingt-neuf ans, il donnait des cours d'exégèse religieuse. Il était vêtu comme à son habitude d'un pull classique, d'un jean bien taillé et des dernières Jordan à la mode, sur lesquels il avait enfilé sa longue djellaba blanche. On le taquinait souvent sur l'attention qu'il portait à son look, malgré son statut de religieux, et il nous rétorquait qu'il n'y avait pas d'incompatibilité à être musulman et à avoir du style. On avait fini par le surnommer l'Imam Fashion. La seule chose qui pouvait le sortir de sa torpeur méditative, c'était un album de Booba, qu'il aimait depuis ses débuts, quand il n'était encore que la moitié du groupe Lunatic. Et puis, avec le temps, ça lui était passé.

Les autres, en revanche, avaient envie d'en être. Chacun de mes frères et sœurs voulait justifier sa présence dans ce qui serait le livre de mon père et tentait de négocier un chapitre, une page, une ligne. Mais, en réalité, cette décision n'était pas mienne. Je voulais raconter la vie de mon père, non en tant que fils, époux ou père, mais sa vie à lui, lui indépendamment des autres, lui, dans l'absolu. On l'avait toujours vu par rapport à sa famile, il était temps de revenir à lui. En ce sens, je ne voulais évoquer son entourage que s'il avait influé sur le cours de son existence, s'il lui avait fait prendre un chemin plutôt qu'un autre, s'il avait changé sa vision des choses.

Je me tournai vers mon père :

« Tu acceptes ?

— Mais comment tu vas faire pour l'écrire, tu ne la connais même pas. »

En effet, je ne connaissais pas grand-chose de sa vie, si ce n'est ce que j'avais vécu en tant que fille, ou les quelques anecdotes qu'il nous avait racontées çà et là, au détour d'un événement ou d'une conversation. À l'heure où la vie privée est publique, où l'on raconte tout, photographie tout, où l'on peut même créer de toutes pièces des situations pour pouvoir ensuite les exposer sur les réseaux sociaux, lui avait gardé avec pudeur tous les événements qui avaient jalonné son existence. Pourtant, il en passait du temps à raconter des histoires. Mais jamais la sienne. Le moment était venu d'y remédier.

« Tu vas me la raconter. »

# 8

« Je suis né le 1er janvier 1949… »

J'avais évoqué un roman initiatique, en réalité les premiers instants de la vie de mon père ressemblaient davantage à un conte. On savait dans quelle contrée lointaine il était né, on ne savait pas vraiment quand. Dans les années 1950, Ajar était déjà un village reculé. Ainsi la naissance des enfants n'était pas déclarée à l'état civil, on se contentait d'informer la famille, et c'était bien assez. À son arrivée en France, quand il avait fallu remplir les dossiers administratifs qui lui permettraient de régulariser sa situation, on lui avait demandé sa date de naissance. Il la connaissait, je l'apprendrais bien plus tard : il était né le 12 Dhou al-hijja du calendrier hégirien, le calendrier islamique. Il aurait suffi de convertir cette date dans le calendrier grégorien, mais l'Administration ne s'en était pas donné la peine, ou peut-être n'y avait-il pas encore de convertisseur permettant de trouver l'équivalence. Finalement, une date lui fut attribuée, ce serait le 1er janvier, comme tous les immigrés de cette génération. Cela avait fini par devenir un signe distinctif. Il suffisait de demander la date de naissance d'Untel pour savoir s'il était un immigré, né dans un village perdu où l'Administration n'avait pas encore droit de cité.

Le flou sur la date de naissance de mon père m'avait préoccupée dès mon plus jeune âge, bien avant que je me mette en tête de raconter son histoire. On avait tous une date de naissance, cela faisait partie de notre identité. Dans les sociétés occidentales, il était fréquent d'être questionné dessus, au détour d'une conversation : « Tu es de quel signe astrologique, toi ? Ah oui, tu es né quel jour ? » Elle pouvait servir de numéros à jouer au Loto pour les superstitieux, mais aussi de codes et autres mots de passe, parce que c'était la date dont on se souvenait le mieux, la première de celles qui ponctuent notre vie. Et dans ce qui pouvait relever du frivole, en plus de toutes les célébrations qui nous étaient communes, cette date personnelle donnait à un jour ordinaire un parfum particulier pour la personne dont c'était l'anniversaire. Mais le 1er janvier appartenait à tout le monde, il était bien trop universel pour y incruster la naissance de mon père.

Je me décidai alors à questionner celle qui était le plus à même de me répondre : ma grand-mère. Elle était concentrée sur un épisode des *Feux de l'amour* quand je l'interrompis :

« Tu sais, le jour de la naissance de mon père, est-ce que tu te souviens s'il faisait beau ? S'il pleuvait ?

— Il faisait beau. Comme toujours en Afrique.

— Est-ce que tu te souviens d'autre chose ? Un élément qui me permettrait au moins de savoir à quelle saison il est né ? »

Elle quitta des yeux Victor Newman et pinça les lèvres, se remémorant ce jour de 1949 :

« Je ne sais pas trop. Je me souviens de m'être levée pour aller travailler aux champs, puis d'avoir ressenti une forte douleur dans le bas du ventre. Quelques heures après, ton père était là.

— Mais donc il est né… euh… »

J'avais beau chercher dans ma langue maternelle, je ne savais pas comment traduire le mot « prématurément ». Nous n'avions jamais suivi de cours de soninké, tous les mots qu'on connaissait avaient été prononcés par nos parents. Mais je ne me rappelais aucune discussion concernant la naissance d'enfants prématurés, qui m'aurait permis d'intégrer ce mot à mon vocabulaire. J'essayai donc de me faire comprendre par d'autres moyens, usant de périphrases puériles :

« Il n'est pas resté assez longtemps dans ton ventre ? Il est arrivé en avance ?

— Non, non.

— Mais tu viens de me dire que tu étais dans les champs ? Qu'est-ce que tu faisais dans les champs à neuf mois de grossesse ?

— Il fallait bien que je fasse mon travail. Si je ne l'avais pas fait, qui s'en serait occupé à ma place ? »

Sonnée par cette révélation qui m'écorchait dans mes certitudes et le confort dans lequel je vivais, j'avais redirigé la conversation vers les conditions d'accouchement auxquelles elle avait dû faire face. J'aimais particulièrement ces moments où elle me racontait des tranches de sa vie, dont j'interrompais le récit par des cris d'exclamation ou de surprise, et des interrogations telles que : « Mais comment tu as fait ? » ou : « Mais moi, je n'y serais jamais arrivée. » Et avec un sourire orgueilleux, elle concluait par ces mots : « On n'a pas eu la vie facile, mais c'était comme ça. » Toutes nos discussions étaient l'occasion de digressions, et on oubliait souvent le sujet initial. Avec le temps, j'avais fait d'autres tentatives, puis j'avais renoncé à trouver cette date fondatrice.

Mon père était donc né le 00/00/1949 de mon grand-père Ladji, natif de Diaguily, mais qui avait été envoyé à Ajar pour pallier l'absence d'imam, et de ma grand-mère Sigasso. Il était le quatrième d'une fratrie de cinq enfants. Il y avait eu avant lui mon oncle Mustapha, décédé alors qu'il n'avait que six mois, ma tante Haby qui avait été emportée par la tuberculose quelques années après sa majorité, et ma tante Kiledou. Après lui, ma grand-mère avait de nouveau eu une fille, Fanta. Mon père n'avait pas grandi avec son frère et en avait terriblement souffert. Il ne manquait jamais de le rappeler aux miens lorsqu'ils se disputaient : « Si vous saviez ce que j'aurais donné pour avoir un frère… »

À cette époque comme aujourd'hui, la société était organisée en castes. Ce système a traversé les époques, les générations, les guerres. Même la colonisation, qui avait vu l'Occident tenter d'imposer son mode de vie aux pays du Sud, n'avait pu éroder ce modèle sociétal ; il tendait toutefois à disparaître avec la génération de Français qu'avaient mise au monde nos parents. Ce système hiérarchisait les individus, non par le mérite ou par la richesse, mais par le sang. Il n'était pas possible d'échapper à sa caste, même par le mariage, les unions étant généralement endogames. De toute manière, chacun était fier et revendiquait la sienne, car elle témoignait de l'histoire de sa culture et de sa lignée. On y trouvait les forgerons dont la tâche était de travailler l'or, ou encore les griots qui, tels des troubadours des temps modernes, mettaient en chanson l'histoire des familles, qu'ils déclamaient ensuite lors des mariages ou des baptêmes. Mon père faisait partie de la caste des nobles, plus précisément de celle des marabouts. Elle ne regroupait ni des sorciers, ni des envoûteurs, ni des hommes capables de faire revenir l'être aimé à coups de formules magiques et de billets de cent euros, comme le laissait penser la définition moderne dévoyée. Non, c'étaient des marabouts au sens premier du terme : des hommes dont le rôle était d'étudier le livre saint, de génération en génération. C'est ainsi qu'à l'âge de sept ans mon père dut quitter les siens, seul, pour étudier dans une école coranique au Mali. Ce fut le premier déracinement de sa vie, et non des moindres. Son village, ses parents, ses amis, c'était tout un univers qu'il laissait derrière lui, à un âge où il ne savait pas encore qu'il existait un monde en dehors d'Ajar.

« J'étais dans un internat, nourri, logé, instruit. En échange, je faisais des travaux manuels comme labourer les champs ou cueillir les maïs. »

À l'âge où la seule préoccupation d'un enfant est de monter au sommet de l'arbre le plus haut ou encore de courir plus vite que son copain, lui, par la force des choses, apprenait à devenir un homme. Il s'agissait de lui enseigner l'arabe littéraire, mais aussi de faire son éducation religieuse.

Pendant sept ans, ses journées furent quasiment identiques, scandées par les prières quotidiennes, elles-mêmes régies par la rotation de la Terre autour du Soleil, et commençaient dès l'aube avec la prière de *fajr*. Après s'être rendu à la mosquée, il récitait le Coran jusqu'à la prière de *dohr*, qui correspondait au moment précis où le Soleil passait son zénith, les cours étant seulement interrompus par un rapide petit déjeuner. L'après-midi, il effectuait des travaux manuels, aux champs ou chez son maître – il fallait bien payer l'internat. Il s'arrêtait à la prière de *asr*, et jusque celle de *maghreb*, qui correspondait au coucher du Soleil, le temps était consacré aux loisirs. À ce moment-là seulement, il redevenait un enfant. Alors, avec ses amis, il prenait bouchons de plastique, papiers, chiffons et autres matières abandonnées, pour confectionner le ballon qui recevrait les coups de pied vengeurs de ces gamins coupés de leur famille. C'était leur seul lien avec les jeux, la jeunesse, l'insouciance. Puis, de nouveau, il fallait étudier, réviser ce qu'il avait appris le matin et renouveler ce programme le jour suivant, le surlendemain, puis encore le jour d'après, et ce pendant sept années.

Durant son internat, il n'eut aucun lien avec sa famille. Même pas pour les fêtes que ses camarades maliens, eux, pouvaient passer auprès des leurs. Pour lui, le voyage était trop long. De temps en temps, on envoyait une lettre à mes grands-parents, mentionnant qu'il allait bien, qu'il travaillait bien. Il n'y avait pas trace de « Tu me manques », encore moins de « Je t'aime ». Aucun signe de tendresse, non par un manque de sentiments, mais par un trop-plein de pudeur. Ce n'était pas l'époque, ce n'était surtout pas la culture. Mon père n'avait pas reproduit ce schéma avec ses enfants. Dans les années 1990, mon grand frère Abdoulaye, asthmatique, avait dû séjourner deux mois dans un centre spécialisé situé à Briançon. C'était un grand garçon déjà, il avait dix-sept ans. Pour autant, mon père n'avait pas supporté d'être loin de lui, même pour une si courte période. Son fils était malade, il allait prendre sa part. Il multipliait les allers-retours pour lui rendre visite, quittant son poste d'éboueur de la Ville de Paris à midi, attrapant un train en coup de vent, parfois sur un coup de tête, prévenant ma mère au dernier moment, se saisissant de son rôle de père à bras-le-corps et ne revenant que le lendemain. Dans ces instants-là lui revenaient sûrement en mémoire les mois de solitude loin de ses parents, qu'il avait dû supporter mais dont il ne s'était jamais plaint. Il ne disait rien de plus à mon frère que ce qu'il aurait pu lui dire au téléphone, et peut-être même qu'il ne profitait de lui que de courts instants, mais au moins il était là, près de lui, lui montrant par sa présence son amour. Il avait souffert d'avoir passé plus de temps à la *madrassa* que près de son père, et jamais il n'aurait fait subir à ses enfants son absence.

En 1963, mon père retourna à Ajar. À quatorze ans, il avait fini sa formation et put retrouver sa famille. Quelques années plus tard, son père mourut, mais il n'eut pas le temps de faire son deuil. Il devenait du jour au lendemain l'homme de la famille, avec tout ce que cela impliquait.

# 9

« En 1975, j'avais vingt-six ans. »

Ajar n'avait pas bougé, lui non plus.

« Comment as-tu fait pour passer près de vingt ans là-bas ? Je n'ai même pas pu y rester deux jours.

— Mais qu'est-ce que tu voulais que je fasse ? C'était ma vie. »

Qu'aurait-il pu faire ? J'avais analysé la situation à travers le prisme de mon parisianisme primaire, mais c'était comme demander à un habitant d'un village reculé pourquoi il avait décidé d'y passer son existence, sans avoir jamais songé à tenter sa chance ailleurs. Tout le monde ne souhaitait pas rejoindre la capitale et y faire sa vie, tout au moins en partie. Mais les perspectives d'avenir étaient nulles à Ajar. Il était jeune, célibataire et érudit, il savait que le moment était venu pour lui de commencer sa vie d'homme. Il fallait donc chercher un futur ailleurs, loin de son village, de son pays, de son continent, en somme de sa vie. Le choix de la destination ne s'imposa pas tout de suite. Dans un premier temps, il avait pensé s'établir en Angola. Le business du diamant y était florissant, et puis il ne serait pas dépaysé. C'était un pays d'Afrique noire, dans lequel il retrouverait sûrement une mentalité commune et des mœurs analogues, du moins le pensait-il. Seulement, il n'y connaissait personne. Il arriverait là-bas, se mettrait en quête d'un endroit où se loger, et on lui proposerait un travail ? Comme ça ? Le défi était beaucoup trop difficile à relever, peut-être même risqué. Alors il opta pour ce qu'il croyait être la facilité, il ferait comme ceux qui l'avaient précédé : c'est en France qu'il tenterait sa chance. Il y avait déjà de la famille et, comme la France leur avait imposé une histoire commune dans un passé encore récent, le pays de l'exil s'imposa par la force des choses. D'autres l'avaient fait avant lui, peu étaient revenus en ayant échoué, ce qu'ils s'interdisaient, préférant mourir en ayant tout essayé plutôt que de rentrer et de voir la honte et la déception dans les yeux de leurs proches finir par les tuer. Il se dit qu'il était seulement à trois mille kilomètres de changer de vie, ce qui n'était pas grand-chose quand on en connaissait la finalité, mais il se rendit vite compte qu'en réalité chacun de ces kilomètres l'éloignait toujours plus du monde dans lequel il avait toujours vécu, inéluctablement.

On a souvent tendance à décrire les gens qui partent par le résultat de leur exil, plutôt que par le point de départ, des immigrés plutôt que des émigrants, avec tout ce que le premier terme véhicule de péjoratif – ils quittent leur pays pour venir voler le travail des Français et profiter des aides sociales. On les qualifie en fonction de ce qu'ils sont en arrivant, et non pas de ce qu'ils étaient en partant. Cela permet sûrement de leur rappeler qu'ils ne sont pas d'ici, qu'ils ne le seront probablement jamais. En se gardant bien d'utiliser la même terminologie pour un Français quittant son pays pour une autre patrie. Mais la douleur de quitter sa terre étant plus violente que celle d'en rejoindre une autre, je préfère les qualifier d'émigrants, parce que c'est ce qu'ils sont avant tout.

Le 13 juillet, mon père fit donc ses adieux à sa mère et à ses sœurs, sans effusion de sentiments, mais avec une inquiétude tacite et la promesse qu'il écrirait souvent et reviendrait vite. Il n'était pas inquiet pour ses sœurs, qui se marieraient rapidement et ne seraient plus à sa charge. En revanche, il devait quitter sa mère dont il avait eu la responsabilité après la mort de son père. Il la confia aux hommes du village, les exhortant à la traiter comme ils auraient traité la leur. Il prit ensuite une voiture direction Dakar, pour la première étape de son périple. Ajar étant situé au sud de la Mauritanie, il n'était pas très loin du Sénégal, là où il avait un point de chute. Il partit seul, avec le strict nécessaire dans un petit sac de voyage, sans savoir quand il pourrait revenir sur ses terres et revoir sa famille, mais en se promettant que ce ne serait pas avant d'avoir « réussi ». Il ne se ferait pas l'affront de revenir les poches plus vides qu'à l'aller, en subissant les regards déçus voire méprisants de ses compatriotes. Avant son départ, il avait pu mettre de côté vingt-cinq mille francs CFA, l'équivalent d'une quarantaine d'euros, dont un quart déjà était dévolu aux transports. C'était tout ce qu'il avait pour conquérir le monde. Il traversa la ville de Bakel, vit Kidira, passa par Louga et poursuivit sa route jusqu'à Dakar, où l'attendait Demba Souleymane, un cousin éloigné de son père.

Demba s'était installé dans la capitale sénégalaise avec femme et enfants, depuis son retour de la Seconde Guerre mondiale, où il avait été appelé en renfort par la défense nationale. Il était chargé de garder des prisonniers allemands, qu'il trouvait d'ailleurs sympathiques pour certains. C'étaient comme lui de jeunes gens enrôlés dans une guerre qu'ils ne comprenaient pas, ils auraient sans doute pu être amis s'ils n'étaient pas nés dans deux camps différents. En 1945, la guerre était finie, on n'avait plus besoin de lui. Il pouvait repartir d'où il était venu, sans pension, mais avec un certificat de bonne conduite délivré par l'armée française. C'était la seule chose qui lui restait de cette époque, ce certificat et quelques photos en noir et blanc, soigneusement conservées par ses enfants mais légèrement abîmées par le temps. Il m'arrivait de tomber sur ces clichés lorsque ma mère triait ses affaires, et je passais alors quelques minutes à regarder ce grand-père que je n'avais jamais connu. Sur l'un d'entre eux, on le voyait poser avec ses compagnons d'infortune, chacun revêtu d'une tenue différente, mon grand-père un pantalon et une veste coupée à la taille, ses camarades une veste aux trois quarts et une combinaison. Sur un autre, il était habillé d'un long manteau noir sous lequel on distinguait le col d'un uniforme, et d'un couvre-chef, porté sur le côté. J'étais frappée par son visage juvénile, on ne lui aurait pas donné plus de vingt ans.

Mon père arriva chez lui tard le soir. Il fut accueilli par Lalya, une des filles de son hôte. Elle le débarrassa de ses affaires, puis l'emmena dans la chambre qu'elle lui avait soigneusement préparée où se trouvaient un matelas à même le sol et un ventilateur poussiéreux, le seul de la maison, celui qu'on sortait seulement pour les invités afin qu'ils ne soient pas incommodés par la chaleur à laquelle ils étaient pourtant habitués. Elle lui apporta ensuite de quoi faire sa toilette, une grande bassine d'eau froide et un *djampé*, sorte de filet de bain qu'on utilisait comme gant de toilette, puis lui servit une assiette de viande grillée que mon père avala avec entrain. Pendant le voyage, il ne s'était nourri que de quelques beignets et de jus de bissap, et la faim l'avait tenaillé tout au long de la journée. Enfin, avant d'aller se coucher, elle s'assura qu'il n'avait besoin de rien.

À dix-sept ans, elle semblait déjà avoir le poids du monde sur les épaules. Au moins, sans nul doute possible, celui de ses frères et sœurs. Elle avait fait l'école primaire, le collège, même, elle en était fière, le temps d'apprendre à lire, écrire et compter, puis elle était devenue une femme d'intérieur, parce que c'était ce qu'on attendait des femmes à cette époque. Aînée de sa famille, elle dut attendre le cinquième de la fratrie pour avoir une sœur, Mariam. À l'heure où certains enfants occidentaux s'offusquent de devoir partager leurs jouets et l'attention de leurs parents avec un nouveau venu dans la famille, elle avait exprimé sa joie en s'exclamant : « Enfin quelqu'un pour rincer ma vaisselle ! » Les corvées de la maison, le ménage, la cuisine, le soin des plus jeunes n'avaient pas entaché sa beauté. Elle avait hérité du visage poupin et du teint caramel de son père. Ses grands yeux noirs et son nez fin semblaient en parfaite harmonie avec ses belles lèvres charnues. On devinait un léger grain de beauté au-dessus de sa lèvre supérieure, qui mettait en valeur une bouche parfaitement dessinée. Ses cheveux, crépus, étaient tressés dans la tradition africaine. Elle portait des nattes collées révélant ses oreilles, auxquelles étaient accrochés de petits anneaux en or dont le poids tirait ses lobes vers le bas. Sa description aurait mérité un long poème.

Mon père tomba immédiatement sous son charme. Pendant les quatre mois qu'il resta auprès d'elle, il tenta de la séduire. Tantôt il la complimentait, tantôt il tentait de la faire rire, parfois il l'ignorait, même, essayant par tous les moyens de faire éclore en elle un quelconque sentiment amoureux, mais rien n'y fit, elle restait hermétique à ses tentatives d'approche maladroites. Ils passèrent ainsi quatre mois l'un près de l'autre, l'un charmant, l'autre toisant, sans savoir que, quarante ans plus tard, ils raconteraient à leur fille les prémices de leur relation.

Alors qu'il commençait à se morfondre dans sa vie dakaroise, les causes de son exil se rappelèrent à son bon souvenir. Après des semaines d'attente, de tergiversations, de déceptions et de départs avortés, on avait enfin déniché un passeur qui ferait traverser la Méditerranée à mon père, direction Marseille.

« Et c'était qui, ce passeur ? Comment vous l'avez trouvé ? », lui demandai-je.

Très sérieusement, il me répondit :

« Non, ça, je ne peux pas te le dire, il pourrait avoir des problèmes à cause de moi.

— Tu crois vraiment qu'il est encore là-bas à vendre des tickets pour la France ? C'était en 1975. J'espère qu'il s'est reconverti depuis.

— On ne sait jamais. Ce sont des choses dont il ne faut pas parler. »

Il resta sur sa décision et ne me dit rien de cet homme, si ce n'est son tarif pour une place clandestine dans les cales obscures du *Marsiglia*, à payer comptant, quelques jours avant le départ. Il fallait cent mille francs CFA pour rejoindre la France, environ cent cinquante euros. Cette somme me paraissait dérisoire au regard de l'espérance de la vie meilleure qu'elle permettait, c'était moins cher qu'un billet d'avion dans une compagnie low cost. Mais, là encore, mon prisme n'était pas adapté, pas le bon, était complétement décalé ; je voyais la situation avec les yeux d'une citoyenne d'un pays développé, qui appartenait à la classe moyenne et touchait mensuellement un salaire raisonnable. En réalité, c'était une somme plus qu'importante dans ce pays, à cette époque, pour cette famille. Une somme très compliquée à réunir. Il ne lui restait plus rien des vingt-cinq mille francs CFA qu'il avait en arrivant, mais on avait de bonnes nouvelles en provenance de la France. On disait qu'il était facile de s'y installer et d'y trouver un travail. Il réussirait dans ce pays sans aucun doute, alors on se cotisa pour lui payer son billet. L'un donna dix mille, l'autre quinze mille, un autre un peu moins… Le nom de tous ceux qui avaient participé était soigneusement consigné dans un carnet, il les rembourserait dès qu'il le pourrait.

« Le jeu en vaut la chandelle » : c'est ce qu'il disait chaque jour qui le séparait du départ. Il voyait la vie des « Occidentaux » en Afrique, qui revenaient dépenser leur argent gagné en Europe dans de belles villas avec de bonnes et grosses voitures avec chauffeur. Il voulait lui aussi sa part du gâteau.

Le 7 novembre 1975, il prit donc ce bateau. Il n'avait plus un sou en poche, mais ce n'était pas bien grave. Il partait avec Dieu dans le cœur, et c'était déjà bien assez.

# 10

« La veille du départ, je n'ai pas beaucoup dormi. J'étais stressé quand même, mais j'avais payé, il fallait que je parte. »

Il y était enfin ; il ne pouvait plus reculer. On lui avait tant parlé du Grand Départ. Il avait consacré des heures à veiller le soir, à écouter les dernières recommandations, les ultimes conseils de ceux qui avaient déjà fait le voyage puis étaient revenus, quelques années plus tard, rendre visite à leur famille grâce à la carte de séjour dont ils étaient à présent titulaires, et qui leur donnait tout le loisir de se déplacer entre l'Europe et l'Afrique, ou encore de ceux dont le cousin, l'ami ou une connaissance quelconque était déjà passé par là. On lui répétait la facilité de la vie en France, ce pays magique, cette terre jugée promise où tout réussissait une fois le pied posé sur son sol. Il n'était pas question ici de rêve américain, mais bien de rêve français : « Tu verras, dès le jour de ton arrivée, tu trouveras un travail. Enfin, pas le jour même, parce qu'il faudra que tu te reposes, mais le jour d'après. Il y a trop de travail en France et pas assez de volontaires, en cause certains métiers que les Français ne veulent pas faire, même s'ils sont très bien payés. Tu seras vite riche et tu pourras revenir vivre ici, construire ta maison, t'occuper de tes proches. Et en quelques années seulement. Ils nous doivent bien ça, les Français, ils nous ont quand même colonisés. » On lui avait tellement martelé ces histoires qu'il commençait vraiment à croire qu'il y avait dans ce pays des arbres sur lesquels poussaient des francs à la place des fleurs. Pas des francs CFA, des francs français.

Néanmoins, caché dans le cargo *Marsiglia*, entre les caisses et les sacs de marchandises, la dure réalité de sa situation le frappa violemment en plein visage. Il refusait de se l'avouer, mais il commençait à prendre peur. Non, il ne rejoignait pas une terre promise. Il se rendait seul dans un pays qu'il ne connaissait pas, à la culture aussi différente de la sienne que le noir l'était du blanc, que l'Occident l'était de l'Orient, que la passion l'était de la raison. Il ne savait ni lire, ni écrire, ni même parler le français, et on avait beau lui faire miroiter un futur idyllique, à ce moment précis, il n'avait strictement aucune idée concrète de ses perspectives d'avenir.

Il avait délaissé ses *qamis*, les longues tuniques portées par certains hommes musulmans, et ses grands boubous, vêtements traditionnels des marabouts, pour une tenue plus occidentale. Le jour précédant son départ, accompagné d'un cousin, il était allé au marché et avait dégoté un pantalon de costume sombre, qui avait dû avoir mille vies avant de se retrouver entre ses mains, ainsi qu'une vieille chemise bleue. Il avait également acheté une casquette pour remplacer sa *chéchia* blanche. Il fallait se fondre dans la masse dès son arrivée et ne pas détonner avec la population locale, pour éviter d'être repéré et risquer d'être arrêté. Mais, en se regardant dans le miroir, il avait eu l'impression de s'être travesti. Il avait essayé de retrousser les manches de sa chemise ou encore de tirer sur son pantalon trop court. Il avait testé différentes poses aussi, courbant les épaules puis les redressant, mais rien n'y faisait, il semblait toujours plus gauche dans cet accoutrement qui ne lui ressemblait pas. Si ça devait être ça, la France, alors ça commençait très mal.

Il n'était bien sûr pas le seul émigrant sur ce bateau. D'autres aussi avaient quitté les leurs pour ce qui relevait à ce moment-là d'un rêve, une illusion peut-être finalement… Ils se tenaient là, assis, se lançant des regards et des sourires de connivence, tentant de cacher la peur qui commençait à les submerger et de se rassurer dans cette promiscuité. Aucun d'eux n'avait dépassé la trentaine. Ils avaient apporté de quoi se restaurer durant le voyage, et mis en commun leurs provisions. Il n'y avait pas d'intérêt à être égoïste ou à se méfier, ils étaient tous dans la même situation. Aucun ne risquait de voler l'opportunité d'un autre, il y aurait de la place pour chacun. Bien au contraire, chaque homme à bord pourrait être plus tard d'une aide précieuse ou avoir besoin d'un soutien infaillible. Au début, ils discutèrent beaucoup, l'un racontant d'où il venait, un autre où il avait grandi, si on l'attendait à son arrivée ou s'il était parti à l'aventure. Puis, peu à peu, les bavardages se tarirent, les voix se firent plus discrètes, les conversations cessèrent. La fatigue se faisait sentir. Ils se rendirent vite compte qu'ils n'avaient pas grand-chose à dire sur leur vie, cette vie qui à leurs yeux n'avait pas encore réellement commencé. Certains finirent par se parler à eux-mêmes. Les yeux froncés et les lèvres remuant discrètement, ils se répétaient l'itinéraire qu'ils devraient suivre à leur arrivée à Marseille, pour rejoindre leur point de chute. D'autres avaient préféré noter cette adresse sur un bout de papier, qu'ils avaient plié au maximum et glissé dans une poche de leur pantalon, ne cessant de vérifier qu'ils ne l'avaient pas égaré.

Ils passèrent ainsi sept jours en mer, sept jours que j'imaginais longs et éprouvants, sept jours dont, en réalité, je ne saurai finalement pas grand-chose de plus.

# 11

« On est arrivés à Marseille entre 6 et 7 heures du matin. »

Depuis le début de son récit, j'étais fascinée par le fait que, quarante ans plus tard, il se souvenait avec précision des dates, des lieux, des adresses qui avaient jalonné son périple. Cela dit, il avait toujours eu l'art et la manière de raconter les histoires. Tel un griot, il les relatait avec un infini talent, n'omettant aucun détail qu'on avait vraiment l'impression d'y être.

« On a d'abord attendu que les passagers sortent, puis les marchandises. C'est seulement là qu'on a été autorisés à descendre du bateau. »

Il quitta ses compagnons d'infortune, chacun souhaitant bonne chance à l'autre. Ils s'échangèrent les noms et adresses de ceux qui les hébergeraient, se promettant de se revoir à l'occasion, avant de partir, à la fois grisés et effrayés par leur nouvelle aventure qui cette fois commençait sérieusement.

Il se sentait seul à présent dans Marseille qui s'éveillait. Pendant quelques minutes, il fut pris d'un vertige et dut s'asseoir pour reprendre ses esprits. La violence de son déracinement s'illustrait sous ses yeux. Il se demandait ce qu'il allait bien pouvoir faire au milieu de tous ces autochtones déjà installés dans leur vie bien rangée, leur souci principal se résumant au choix du repas du soir ou à la destination de leur prochain week-end. Lui devait rapidement trouver une solution pour rejoindre Paris.

Il se sentait seul pour la première fois de sa vie, intrus au milieu d'une foule, l'un des rares Noirs au milieu de tous ces Blancs.

Il se sentait seul parce qu'il devait sûrement être un des rares à ne pas savoir lire les panneaux, le nom des rues, les devantures des magasins, les unes des journaux qui l'entouraient. Il essayait tant bien que mal de déchiffrer ce qu'il y avait devant lui, cherchant une logique dans le tracé irrégulier que constituaient les lettres, tentant de les comparer à celles, arabes, qu'il avait apprises, mais rien n'y faisait, évidemment, il ne comprenait rien. Il dut s'y résoudre, il n'y arriverait pas tout seul. Il se mit donc en quête d'une personne charitable qui pourrait l'aider. Après quelques pas et plusieurs hésitations, il repéra un homme sur le Vieux-Port, qui semblait attendre quelqu'un. Mon père se dirigea vers lui, mais, avant même qu'il puisse dire le moindre mot, l'homme grommela : « Non, non, pas d'argent », accompagnant ses paroles d'un geste de la main, de celui qu'on fait pour chasser une mouche ou une abeille. Il tenta alors de s'adresser à une femme, mais celle-ci s'éloigna d'un pas vif. Un autre, plongé dans son journal, ne daigna même pas lever la tête pour l'écouter. Pourtant, chaque fois, mon père les abordait en leur disant « Bonjour » et les quittait avec un « Merci », appliquant à la lettre ce qu'on lui avait dit : « Surtout, quoi qu'il arrive, tu restes poli. Tu dis toujours merci. »

Et alors qu'il avait perdu tout espoir, tournant, se retournant, ne voyant personne autour de lui pouvant le libérer de cette situation inextricable, il remarqua un homme, seul, à l'écart, qui fumait une cigarette. Il semblait moins stressé, moins occupé, plus affable, alors mon père sortit de son portefeuille un petit papier soigneusement plié et alla à sa rencontre. Il le salua en affichant un large sourire forcé. Il voulait lui montrer par l'expression de son visage qu'il ne venait pas l'embêter avec ses problèmes, pour éviter que l'homme ne l'éconduise comme les précédents avant de lui laisser une chance de s'exprimer. Il ne faisait pas la quête, il avait juste besoin d'un renseignement. Quand il vit que l'homme était disposé à l'écouter, il lui tendit une feuille dépliée.

« La gare de Marseille ?

— Oui.

— Ce n'est pas très loin à pied. Vous allez tout droit et vous prenez la deuxième à droite. Vous allez arriver sur la rue Caisserie. Vous continuez et, au bout d'un demi-kilomètre environ, vous allez voir le rond-point de la rue Méry. Là, vous… vous avez compris ? »

Face aux yeux écarquillés de mon père, qui essayait tant bien que mal d'intégrer ces mots ésotériques dans son cerveau, il s'était arrêté dans ses explications. Il avait récité un itinéraire qu'il semblait connaître sur le bout des doigts, sans s'apercevoir que mon père ne comprenait pas la langue dans laquelle il s'exprimait.

« Vous parlez français ? »

Devant l'absence de réponse de mon père, il comprit que non. Il souffla en marmonnant quelque chose dans sa barbe, pestant sûrement contre cet homme qui le dérangeait ou dénigrant le fait de débarquer dans un pays sans avoir fait l'effort d'en apprendre la langue. Néanmoins, il ne pouvait se résoudre à le laisser seul, ainsi perdu. Il avait eu un premier contact avec lui, aussi furtif soit-il, il était donc impliqué. Il savait qu'il ne trouverait pas son chemin tout seul, il en était sûr, alors il éteignit sa cigarette, puis fit signe à mon père de le suivre. Il avançait d'un pas assuré, franc. Il allait des avenues aux petites rues, poursuivait tout droit, puis bifurquait soudainement. Il se retournait de temps en temps pour vérifier que mon père suivait bien la cadence, mais ce dernier ralentissait l'allure, essayant par tous les moyens de saisir des repères lui permettant de retourner sur ses pas. Par sécurité. Au cas où. Car on ne sait jamais…

Après une demi-heure de déambulation, ils parvinrent devant la gare. Mon père avait encore dans les mains le papier sur lequel était écrit en lettres capitales « GARE DE MARSEILLE ».

« C'est ici », lui dit l'homme en articulant chacune des syllabes pour être sûr de se faire comprendre. Il accompagna ses paroles d'un geste, pointant les deux index vers le sol pour signifier à mon père qu'il était bien arrivé. Il regarda autour de lui, s'imaginant sans doute que quelqu'un l'attendait pour prendre la relève.

« Quelqu'un vient vous chercher ?

— Paris.

— Vous voulez aller à Paris ?

— Oui, Paris.

— Mais... »

Il demanda à mon père s'il avait de l'argent en frottant ses doigts, mimant le signe international de la monnaie, mais il avait dépensé ses derniers francs CFA à Dakar pour préparer son voyage. L'homme n'avait plus l'air ronchon qu'il avait pris au moment où il s'était rendu compte qu'il perdait une partie de sa matinée à accompagner un clandestin à la gare. À présent, il le regardait avec ce qui ressemblait à de la pitié, comme s'il prenait la mesure de la situation. Il se dirigea alors vers un guichet et prit un billet pour le prochain « Marseille-Paris » qui partait le soir même. Il le remit à mon père, puis l'accompagna jusqu'au quai en lui indiquant l'horaire de départ. Il avait toute une journée à attendre.

« Merci, merci », sont les seuls mots que mon père put articuler.

« De rien », lui répondit l'homme en partant. Puis, revenant sur ses pas, il ajouta : « Bonne chance. »

# 12

« Il faisait jour quand je suis arrivé à la gare de Lyon. »

Mon père s'était endormi dans le train et avait ouvert les yeux le lendemain matin à Paris. La destination finale. Un léger sourire s'était dessiné sur son visage, élargi par un « ouf » de soulagement. Il pensait avoir passé la ligne d'arrivée ; il était loin d'imaginer que la course n'avait pas encore véritablement commencé.

Je voulais saisir ses premières sensations. Ce qu'il avait vu en premier, les premiers mots qu'il avait entendus, les premiers effluves de Paris qui avaient imprégné son odorat. Avait-il été surpris ? Avait-il été déçu ? Avait-il vécu ce que j'avais vécu en débarquant à Ajar ? Je n'en savais rien. Il n'avait pas insisté sur cette partie de son voyage, il était juste arrivé, et c'était le principal pour lui, la seule chose à retenir. Pourtant, j'aurais voulu être ses yeux et ses oreilles à ce moment précis, j'avais besoin de vivre l'instant pour pouvoir le raconter, à défaut d'en avoir le récit. Je me rendis donc gare de Lyon, sur les traces de mon père, plus de quarante ans après.

Il faisait froid ce matin de janvier quand je décidai de m'y rendre. Je me dirigeai vers les quais des grandes lignes, ceux-là mêmes que mon père avait foulés de ses pas. La gare grouillait de monde, de voyageurs du week-end, d'hommes en costume en voyage d'affaires, de personnes insouciantes portant de petits bagages à main qui, contrairement à celui de mon père, ne contenaient pas toute leur vie mais juste de quoi passer quelques jours dans la capitale. Sur toute la longueur des quais, s'échelonnaient différents commerces, des cafés, des kiosques à journaux, des boulangeries et des boutiques de souvenirs, l'ensemble orné des décorations de Noël aux couleurs délavées, qu'on n'avait pas encore pris la peine de retirer. Face aux boutiques, le panneau des départs et arrivées était perché à mi-hauteur, annonçant d'autres trains pour et en provenance de Marseille. Il attirait l'œil de tous, des passagers qui attendaient leur départ comme des commerçants qui voyaient venir de nouveaux clients, avec ses lettres et ses chiffres jaune fluo qui se substituaient entre eux, à la faveur des noms des gares et des horaires de train.

Je me doutais que la gare avait bien changé en quarante ans, mais surtout je savais que mon père n'avait pas perdu de temps à l'observer. À l'écart de la foule, un de ses cousins l'attendait. Après l'avoir rapidement salué, il se dirigea vers le métro, mon père sur les talons. Il pressait le pas, lançant des regards furtifs et inquiets autour de lui, tout en essayant d'éviter les voyageurs pressés qui se bousculaient. Ce qu'il redoutait, c'était un contrôle de police auquel aucun des deux n'aurait pu se soustraire, ces phrases fatidiques dont les deux formules de politesse embrassaient une injonction terrible : « Bonjour, messieurs, contrôle de police. Vos papiers, s'il vous plaît. » Mais mon père ne semblait pas avoir conscience de ce danger puisque, au lieu de s'en inquiéter, il déambulait dans les couloirs souterrains, émerveillé par ce qui l'entourait, comme un enfant dans un parc d'attractions. Son comportement contrastait avec l'idée que je me faisais d'un sans-papiers à Paris, que j'imaginais prudent, angoissé, traqué, humilié, et je le questionnai alors à ce sujet :

« À aucun moment tu n'as eu peur ?

— Non, pourquoi ? Je portais mon grigri.

— Tu portais ton grigri ? répétai-je, interloquée.

— Oui, et donc, quand je croisais des policiers, ils ne pouvaient pas me voir. »

Je restai stupéfaite. La capacité qu'il avait de parler si simplement de faits surnaturels me surprenait chaque fois. Je pouvais y croire en partie – ils faisaient partie du folklore de la famille –, mais je m'apprêtais à raconter sa vie, de façon sérieuse, et j'avais donc besoin, comme une journaliste, d'éléments concrets, de faits réels, vérifiés et vérifiables. J'insistai sans entrer dans son jeu, mais je perdis vite patience :

« Tu es en train de me dire que tu avais la capacité de te rendre invisible ? Et tu me dis cela sérieusement ?

— Je n'ai jamais dit que j'étais invisible, j'ai dit que les policiers que je croisais ne pouvaient pas me voir, c'est tout. »

Je revins à la charge :

« Mais, papa, ce n'est pas possible. Entre nous, on peut se dire ce genre de choses, parce que nous sommes tellement imprégnés de ces croyances qu'on finit par se persuader que c'est la réalité. C'est fait pour nous rassurer. Mais, au fond, on sait tous les deux que ce n'est pas possible. À la limite, tu peux me dire qu'ils ne te prêtaient pas attention parce qu'ils avaient l'esprit occupé par autre chose, ou parce que vous aviez l'air en règle, mais cette histoire de grigri, ça ne peut pas tenir la route.

— Écoute, tu le crois ou tu ne le crois pas, en attendant je ne me suis pas fait arrêter. »

Il avait conclu ainsi, me laissant bouche bée. Je n'aurais rien de plus à me mettre sous la dent.

Bien sûr, on avait toujours baigné dans ces sciences occultes. On entendait parler depuis notre plus jeune âge de ces grigris et de leur caractère ésotérique. Ce talisman pouvait être une fine feuille de papier, sur laquelle étaient inscrits quelques versets du Coran ou d'autres invocations religieuses. Elle était ensuite pliée, une fois, deux fois, trois fois, autant qu'il était possible, jusqu'à ce qu'elle ait la taille d'un dé à coudre, puis glissée dans un portefeuille, une poche de jean ou encore un soutien-gorge, toute cachette permettant de la garder au plus près de soi. Parfois le grigri prenait la forme d'une ceinture ou d'un bracelet en cuir, contenant aussi des versets coraniques, que les hommes dissimulaient sous leurs chemises ou leurs boubous, et qui devait d'après eux les protéger de tout, aussi bien du mauvais œil que des agressions physiques. On portait ces différents talismans lors d'examens, d'entretiens, aux moments les plus importants, chaque fois qu'on avait cette impression de jouer notre vie et la sensation de ne pouvoir y arriver sans l'aide de Dieu. À chaque aboutissement heureux, on se disait que c'était magique, que c'était incroyable, que ça fonctionnait. Et quand la fortune était malheureuse, alors surgissait la formule consacrée : « On a essayé, mais il n'y avait rien à faire, c'était la volonté de Dieu. Et on ne peut pas aller contre la volonté de Dieu. » Ainsi mon père et son cousin prirent la ligne 1 du métro jusqu'à Nation, puis la ligne 9 direction Porte de Montreuil, mon père marchant la tête haute et le dos fier, rassuré à l'idée que Dieu veillait sur lui.

En sortant, ils se retrouvèrent face à la mairie de Montreuil qui surplombait la place, déserte. Un bâtiment imposant à la façade défraîchie, au-dessus duquel flottait le drapeau tricolore. C'était le premier symbole républicain qu'il voyait et qui lui confirmait qu'il se trouvait bien sur le sol français. Mais il n'eut pas le temps de savourer cette idée que déjà son cousin, désormais plus pressé par le froid que par la peur de croiser la police, s'engageait dans la rue à leur droite. Mon père aussi commençait à frissonner. Le vent automnal s'insinuait dans ses vêtements et il essayait tant bien que mal de s'en préserver, la tête baissée pour éviter que le froid ne lui gifle les joues, les bras croisés serrant son torse. Le hasard avait fait qu'il avait débarqué dans ce pays un jour de novembre. À la difficulté de la culture et de la langue s'ajoutait à présent l'affront du climat. Il venait tout juste de quitter un pays chaud, dans lequel il avait toujours vécu ; il n'était pas armé pour affronter le froid parisien. Il souffla dans ses mains glacées en essayant d'y conserver le plus longtemps possible l'air chaud qui, au bout de quelques secondes, s'assimilait à l'air ambiant et refroidissait.

Suivant le chemin qu'ils avaient emprunté près de quarante ans plus tôt, je croisais des restaurants turcs et chinois, des épiceries vendant légumes et épices exotiques, des devantures aux inscriptions en arabe et en hindi, des taxiphones permettant de téléphoner aux quatre coins du monde pour vingt-sept ou trente-cinq centimes la minute. Je savais pertinemment qu'il n'avait pas croisé ces mêmes enseignes communautaires, puisqu'elles étaient le fruit d'une immigration venant d'Afrique et d'Asie qui, à cette époque, n'en était qu'à ses prémices et ne s'était pas encore sédentarisée. En revanche, en bifurquant dans la rue du 18-Août, je vis des bâtiments si anciens qu'il était évident que mon père les avait vus. On remarquait juste de temps à autre quelques HLM aux couleurs criardes, qui détonnaient avec les murs nobles des autres immeubles et qui devaient avoir été construits à la va-vite, pour héberger la vague d'immigrés qui était arrivée.

J'avais envie de refaire ce trajet avec lui, qu'il soit près de moi, qu'il me raconte chaque rue traversée, chaque personne croisée, chaque regard posé. Qu'il me dise ce qu'il avait ressenti à chaque instant. Mais il m'aurait sûrement répondu que ce n'était pas si important que ça, que j'en faisais peut-être trop, et puis il aurait conclu de manière pragmatique : « Mais je n'ai rien ressenti du tout. J'ai ressenti le froid, c'est tout. »

Le soleil descendait à l'horizon, laissant la fraîcheur s'installer. On voyait de moins en moins de monde dans ces petites ruelles montreuilloises. Je parvins à la rue Rochebrune et je sentis progressivement l'atmosphère changer. On entendait quelques bribes de dialectes ouest-africains qui se mêlaient au français. Puis, petit à petit, ce dernier disparaissait, laissant définitivement place au soninké, au wolof ou encore au bambara. Je m'approchai de l'immeuble qui avait abrité mon père lors de son arrivée à Paris. Le choc n'avait peut-être pas été si brutal, finalement. Plus qu'un foyer pour immigrés, le 24, rue Rochebrune était une sorte de délocalisation du Sénégal, ou d'un autre pays de l'Afrique subsaharienne, en banlieue parisienne. On avait l'impression d'un sas pour ceux qui débarquaient, qui leur permettait une transition en douceur, du monde qu'ils avaient quitté à celui qu'ils avaient rejoint. Tous mes sens en alerte me rappelaient les origines de mon père. Outre la population, exclusivement noire, on voyait à l'entrée des vendeurs ambulants qui refourguaient toutes sortes de choses indispensables de la vie quotidienne : des rasoirs, des briquets, des stylos, mais aussi des colas et d'autres friandises typiquement africaines, en négociant avec leurs clients réguliers, dans une cacophonie dialectale animée. Ces comptoirs aux articles mixtes marquaient la jonction entre l'Afrique et l'Europe, une jonction qui deviendrait vite un amalgame avec le temps.

Le profil de ceux qui allaient et venaient dans le foyer était le même : des hommes principalement, tous jeunes. Plusieurs d'entre eux sortaient avec de grands plats, bien emballés dans des sacs en plastique ou attachés avec des tissus en wax, desquels s'échappaient des effluves de *mafé* ou de *thiéboudienne*, lien gustatif qu'ils maintenaient avec leurs racines. Les quelques femmes que l'on voyait s'occupaient de la cuisine mais ne vivaient pas sur place.

Pendant plusieurs minutes, je restai plantée là à les observer attentivement, cherchant tant bien que mal à me mettre à la place de mon père, tentant de déceler dans le visage de ces inconnus une trace de son histoire. La nuit venait de tomber, poussant les hommes à rejoindre la chambre qu'ils occupaient dans ce foyer austère.

Je finis par quitter les lieux, non sans me demander si certains, parmi ceux que j'avais croisés, venaient tout juste d'arriver après avoir tout quitté pour vivre l'aventure française. S'il y en avait parmi eux qui vivaient aujourd'hui leur 15 novembre 1975.

# 13

« Et les premiers jours, qu'est-ce que tu as fait ?
— J'ai attendu. »

Toutefois, très vite, le but de sa présence sur le sol parisien se rappela à son souvenir. Il lui fallut se mettre en marche, œuvrer pour ce qui l'avait fait quitter famille et patrie. Il devait trouver un travail, le plus rapidement possible, pour se nourrir et payer la chambre qu'il partageait avec trois autres hommes au foyer de la rue Rochebrune. Il eut à peine le temps d'envoyer un télégramme laconique à sa mère, l'informant qu'il était bien arrivé, en bonne santé.

La première chose à faire était de régulariser sa situation. Un document justifiant de son identité était indispensable pour tout : travailler, trouver un logement, s'installer, se déplacer tout simplement. Mais, pour avoir des papiers, il fallait travailler. Or, pour travailler, il fallait des papiers. Il dut donc faire face à cette situation ubuesque qui voulait que, pour prétendre à de vrais papiers, il en fallait de faux. Le foyer regorgeant de personnes dans la même situation que mon père, un véritable réseau s'était organisé. Il suffisait de débourser deux mille francs, une somme non négligeable pour un clandestin, mais dérisoire face aux portes qu'elle ouvrait – se déplacer avec un document d'identité en poche, sésame indispensable à cette nouvelle vie. L'astuce était assez simple : on leur prêtait les papiers d'un tiers, en situation régulière, les Français ne feraient pas la distinction entre le porteur de la carte et celui qui y était représenté : « Tu sais, pour eux, on se ressemble tous, ils n'arrivent pas à nous différencier. Ce qu'ils verront sur la pièce d'identité, c'est un Noir, et pour eux ça pourrait être n'importe lequel d'entre nous. Ils ne vont pas chercher à saisir les subtilités de nos traits ou de notre teint, tu auras des papiers sur toi, et ce sera très bien pour eux. »

Mais mon père avait les poches vides, toutes ses économies ayant été consacrées au voyage, et personne pour lui prêter une somme aussi importante. Il entra dans une « tontine », une sorte de prêt bancaire à l'africaine, sans intérêts. Le principe : il s'agissait de réunir un nombre précis de personnes dont chaque membre donnait, mensuellement, une somme convenue au départ. Puis, chaque mois, et à tour de rôle, chacun des participants récoltait l'argent mis en commun jusqu'à ce que tout le monde en ait bénéficié, ce qui mettait fin à la tontine. La situation étant urgente pour mon père, il n'y eut pas de tirage au sort pour désigner l'ordre des bénéficiaires, il prendrait la tontine en premier.

Les papiers en poche, il ne lui fallut que quelques jours pour trouver un emploi, qu'il obtint grâce à son meilleur ami, Diaré Bya. C'était une histoire d'amitié qui avait commencé comme des milliers d'autres. Ils se connaissaient depuis l'enfance, s'étaient rencontrés à la *madrassa*. S'étaient détestés au départ, chacun essayant de défendre son territoire, montrant qu'il était le plus fort, empêchant l'autre de le voir tel qu'il était vraiment, un enfant séparé de ses parents. Puis, petit à petit, ils avaient brisé leurs carapaces respectives, et mon père, loin de sa famille, s'en était fait un frère, celui qui lui avait manqué toute sa vie. Ils étaient devenus inséparables, seules les tribulations de l'existence les avaient séparés physiquement mais n'avaient en rien entamé leur amitié. Comme mon père, il avait fait le voyage quelques semaines auparavant et, comme lui, il s'était arrêté au foyer de la rue Rochebrune. Après avoir accompli toutes les démarches illicites qu'engendrait sa situation, il avait réussi à s'inscrire dans une agence d'intérim, dans laquelle il recommanda vivement mon père.

Après un rapide entretien d'embauche, qui l'avait vu justifier de sa force physique plutôt que de ses qualités intellectuelles, il avait été embauché pour une première mission au terminal 1 de l'aéroport Roissy-Charles-de-Gaulle, où l'attendait un contrat de bagagiste de deux mois. Il crut d'abord à une blague, puis à un coup monté de toutes pièces par l'agence. Il craignait que cet emploi ne soit une sorte de piège tendu par les autorités aux immigrés néophytes. Il se rendrait en toute confiance à l'aéroport, où on l'attendrait pour le rapatrier *manu militari* dans son pays d'origine. Il ne savait pas quoi faire, qui croire. Il avait perdu l'once d'assurance qu'il avait eue en posant le pied à Paris, après avoir réussi ce qu'il pensait être l'étape la plus difficile de son exil. Il n'était pas chez lui et n'avait pas les repères nécessaires qui lui permettraient de savoir si les gens autour de lui étaient sincères ou non, si la situation était fiable ou pas, si ce job était un appât ou une offre sérieuse. Il décida alors de s'en remettre à celui en qui il plaçait toute sa confiance. La veille de son premier jour, en plus de ses cinq prières quotidiennes, il fit la prière de la consultation qui, comme son nom l'indiquait, permettait de consulter Dieu lorsqu'on avait des doutes sur ce qu'il convenait de faire. C'était une des prières spécifiques qui répondaient à des rituels bien précis. Il s'agissait de faire ses ablutions, puis de réciter une sourate le soir avant de se coucher, la tête posée sur la paume de la main droite, après avoir explicitement demandé conseil à Dieu. Le lendemain, il fallait analyser les signes des rêves de la nuit. J'avais tenté l'expérience une seule fois, à la veille d'un examen important, mais je m'étais vite aperçue que l'on pouvait faire dire ce qu'on voulait aux rêves et y trouver les signes qui nous arrangeaient et nous confortaient dans ce qu'on désirait.

Il semblerait que les signes aient été positifs pour mon père, puisqu'il se rendit à son premier jour de travail l'esprit tranquille. Il n'avait jamais pénétré dans un aéroport, même pas dans celui de Dakar où ne pouvaient entrer que ceux qui avaient un passeport. Il n'avait jamais vu d'avion d'aussi près non plus, il en avait juste croisé quelques-uns, pas plus grands que sa main, en levant les yeux au ciel. Curieux, il regardait les infrastructures, mais aussi la foule de voyageurs qui s'y pressait, à la fois fasciné et perturbé à l'idée qu'il existait des gens pouvant quitter un pays avec une telle facilité quand lui avait dû quitter le sien recroquevillé dans la soute d'un bateau. Il crut déceler dans cette insouciance de voyager une certaine idée de ce qu'était la vie en France. Pour le moment, il passait ses journées sur le tarmac de Roissy, à transférer les bagages des passagers dans la soute de l'avion, n'utilisant que ses bras qui agissaient mécaniquement comme des balanciers. On ne lui demandait rien d'autre, ni de lire ni d'écrire, encore moins de parler.

Un jour, en rendant visite à un ami dans un foyer de la rue de la Fontaine-au-Roi à Paris, il apprit qu'à la mairie du 19e arrondissement des bénévoles dispensaient des cours de français gratuitement aux étrangers, sans qu'ils aient à présenter de documents justifiant de leur identité. Il n'avait appris à lire et à écrire qu'en arabe, il ne connaissait rien de nos pleins et de nos déliés, et nos basiques grammaticaux lui étaient de fait inconnus. Or, pour se déplacer, demander conseil, travailler, s'intégrer, il était obligé d'en passer par là. Depuis son arrivée, il vivait comme un aveugle dans la ville. La multitude de mots qui l'entouraient appartenaient à un code secret auquel il n'avait pas accès. Pour prendre les transports en commun, par exemple, il ne pouvait lire le nom des stations, alors il comptait le nombre d'arrêts pour savoir quand changer de train. Quand il y avait une correspondance, il apprenait au préalable les trajets par cœur.

Il ne pouvait déroger à cette étape plus longtemps. À son contrat de bagagiste, il ajouta alors les cours du soir. Il devint très vite un élève assidu, n'hésitant pas à reprendre les exercices vus en classe en rentrant chez lui. Il commença par apprendre la forme et le son des lettres, puis les syllabes, enfin les mots. Il les associait et constituait ses premières phrases dans un français encore approximatif, mêlant des inversions du sujet à des oublis de conjugaison de verbe, des sujets au singulier à des verbes au pluriel, ce qui pouvait aisément donner des phrases du type : « Je veux, *coman drez*, que vous venir », fièrement. Ce « *coman drez* », d'ailleurs, m'avait intriguée pendant toute mon enfance. Durant de nombreuses années, j'étais persuadée que c'était une expression en soninké que je ne maîtrisais pas, mais que mon père utilisait quand il cherchait ses mots, jusqu'au jour où ma sœur Hadja m'éclaira : « Mais non, c'est du français. Il dit *comment dirais-je*, c'est juste qu'il prononce *z* la lettre *j*. Comme Ajar. Tu vois bien qu'il dit *Azar.* »

J'étais admirative de ses efforts pour respecter les règles strictes de la langue française, alors que moi, armée d'un master et d'un CAPES de lettres, j'évacuais souvent de mes phrases les « ne » de la négation et contractais le pronom personnel dès que je le pouvais, mes « j'veux pas, j'peux pas » s'opposant à ses « je ne veux pas, je ne peux pas ». Il écrivait en phonétique, comme il entendait, ou plutôt comme il disait, lui. Les consonnes ne se suivaient pas dans sa langue natale, il avait donc du mal à prononcer les mots qui en comportaient en français, sauf à ajouter des voyelles. Il n'écrivait donc pas « déclaration » mais « décalaration ». Il ne disait pas « de » non plus, mais « dé », et il l'écrivait alors comme il le disait. Il faisait des fautes de syntaxe mais s'exprimait avec un tel aplomb qu'on en arrivait à se demander si ce n'était pas nous, ses interlocuteurs, qui fautions. La ville devint alors un terrain de jeux pour lui. Il prenait du plaisir à déchiffrer les mots sur les panneaux ou dans les journaux, se félicitant chaque fois qu'il y parvenait.

Il demandait systématiquement la définition de termes qu'il ne comprenait pas, trouvant toujours une bonne excuse pour les réutiliser par la suite. On aurait dit de lui qu'il était un élève volontaire et persévérant.

En janvier 1976, à la fin de son contrat de bagagiste, on lui proposa une mission d'homme de ménage dans des bureaux parisiens. Élevé dans les années 1950 en pleine culture patriarcale, il n'avait jamais passé la serpillière ou même tenu un balai. Il avait reproduit le même schéma avec ses fils. Mes frères, qui étaient nés et avaient grandi à Paris, n'avaient jamais participé aux tâches ménagères, se contentant de sortir la poubelle. Mes sœurs et moi l'avions intégré naturellement avant de nous rendre compte, adultes, que ce n'était pas admissible. C'était une tâche de femme, pensait mon père. Son rôle à lui était de faire vivre sa famille. Mais là, dans les années 1970, il avait dû accepter l'idée que, pour réaliser ce qu'il pensait être le rôle de l'homme, il devait endosser celui de la femme. Tout un symbole. Il signa alors son contrat de mission, sans hésitation.

Après sa première matinée de travail, il acheta un sandwich au thon qu'il mangea sur le quai du métro, au rythme des différentes rames qui passaient. L'effervescence des gens qui montaient et descendaient des wagons jurait avec son calme. Il était épuisé par cette première expérience, à nettoyer les sols, à faire la poussière sur les bureaux, à vider les poubelles. Il se demandait s'il n'allait pas être viré tant il avait été maladroit dans ce nouvel exercice. Après quelques minutes, il retira l'emballage de son repas et, dès la première bouchée de ce sandwich sec et fade, il se remémora paradoxalement le *thiéboudienne* plein de saveurs de sa mère.

Que pouvait-il penser à ce moment-là ? Que les débuts étaient difficiles mais qu'il allait y arriver ? Que le plus dur se trouvait encore devant lui ? Ou plutôt non, qu'il était déjà arrivé là, et que c'était donc ça, la France ? Alors on lui aurait menti. On lui avait vendu une vie facile, et il se retrouvait lui, fils de noble, à faire le ménage pour les autres et à manger du pain rassis et du poisson en boîte. Est-ce à cette vie qu'il aspirait quand il avait tout quitté ? Assurément non. Et pourtant il y était. Il resta assis un moment à se demander s'il n'avait pas fait la bêtise de sa vie en quittant son pays, si finalement cela en valait vraiment la peine. Puis il se força à finir son sandwich et prit le métro qui arrivait.

# 14

« Oui, c'était difficile, mais c'était difficile pour tout le monde.

— Tu n'as pas voulu rentrer ? À aucun moment ?

— Rentrer, pour faire quoi ? Ce n'aurait pas été plus facile à Ajar, j'aurais été confronté à d'autres épreuves.

— Oui, mais au moins tu aurais été chez toi, tu y avais tes repères.

— Ce n'est pas aussi simple, la vie. Je n'avais pas fait tout ça pour abandonner au moindre coup dur. Mais tu ne peux pas comprendre parce que tu penses comme une Française. Vous avez la vie facile, ici, mais malgré tout ça, à la moindre contrariété, vous remettez tout en question. Nous, on n'avait pas le temps de nous plaindre, on avait l'habitude d'avoir la vie difficile. »

Les jours, les semaines, les mois passèrent. Le temps semblait moins glacial, le mental moins pessimiste, la nourriture moins amère. Petit à petit, mon père s'habituait à sa nouvelle vie parisienne, qu'il ne manquait pas de ponctuer d'indices de ses origines africaines.

Il commençait sa journée tôt le matin, dans de grands immeubles haussmanniens du centre de la capitale. Comme les cadres, il pouvait arguer d'une part de travailler au siège d'une grande entreprise, et d'autre part de porter un uniforme, différent, certes, lui en blouse bleue et eux en costumes sombres, mais uniforme tout de même. C'étaient les deux seuls points communs entre eux. Ils n'avaient pas les mêmes horaires et par conséquent ne se croisaient jamais. Mon père disparaissait avant que les salariés prennent possession de leur espace de travail, après avoir nettoyé les bureaux et vidé les poubelles qu'ils avaient remplies la veille, laissant penser qu'une fée était passée par là et avait œuvré de façon magique. Paradoxalement, c'est en quittant son travail qu'il leur ressemblait le plus. En effet, après avoir retiré sa blouse, il enfilait un pantalon à pinces aux plis irréguliers, une chemise claire et une veste de costume. Dès son arrivée, il avait bien essayé de s'intégrer d'un point de vue vestimentaire, en troquant ses boubous contre de vieux jeans Levi's, mais, la première fois qu'il en avait porté un, il avait eu toute la journée l'impression d'être déguisé. Il ne comprenait pas ce qu'il faisait dans cette tenue, qui ne disait rien de ce qu'il était, et dans laquelle il ne se sentait pas physiquement à l'aise. Il avait accepté toutes les épreuves, mais celle du jean lui avait semblé insurmontable.

On lui rabâchait pourtant jour après jour que c'était nécessaire, qu'il ne suffisait pas d'être arrivé en France pour que tout aille bien, qu'il allait devoir se fondre dans la masse pour ne pas se faire remarquer voire repérer, qu'il devait garder en tête qu'il était un clandestin sur le territoire, et qu'à tout moment il pouvait être arrêté et rapatrié chez lui. En vain. Il n'y avait rien à faire, il n'y arrivait pas. Il avait compris que les boubous étaient inenvisageables, alors il avait trouvé un compromis avec les costumes : à la fois occidental et confortable, même s'ils ne correspondaient pas à ce qu'il était. Il prenait donc le métro pour rentrer chez lui affublé de vêtements qui pouvaient paraître plus conformes à ceux du bureaucrate qu'à ceux de l'homme de ménage. Dans les wagons, il croisait des personnes endormies dont la journée n'avait pas encore commencé, et qui finissaient leur nuit sur des fauteuils poisseux. Il recevait des sourires de connivence d'hommes noirs voyant en lui un frère qui avait réussi, et des regards intrigués d'hommes blancs en costume qui l'identifiaient comme un égal. Il était un témoin privilégié de ces classes sociales qui se succédaient, dans une sorte de chassé-croisé qui allait des éboueurs aux enseignants. En sortant, il passait prendre des croissants dans une boulangerie près du foyer, qu'il dégustait au petit déjeuner avec du *sombi*, sorte de riz au lait revisité à base de mil et de lait caillé.

Ses après-midi étaient partagés entre l'étude de versets du Coran et celle des participes passés et autres compléments d'objet direct. Il prenait aussi le temps de bavarder avec ses autres voisins de chambre, ne manquant pas de se remémorer leur vie au pays et leurs familles restées au village, le tout entre soninké et français, mélange dont eux seuls avaient le secret.

Le soir, après une courte sieste, il enfilait de nouveau sa blouse pour d'autres ménages, dans d'autres bureaux. Il apportait son dîner, toujours un plat africain cuisiné et acheté au foyer, puis rentrait se coucher, recommençant le lendemain et les jours suivants, inlassablement, le même programme. À la fin du mois, lors du versement de son salaire, il ne gardait pour lui que ce qui lui permettait de payer son loyer et de se nourrir. Puis les francs français qui lui restaient étaient convertis en francs CFA et envoyés à sa famille restée au pays. Il ne restait plus grand-chose pour ses loisirs ou autres plaisirs, mais, de toute façon, là n'était pas la finalité de son exil.

Il avait déménagé dans un autre foyer situé au 6, boulevard du Bois-le-Prêtre, dans le 17e arrondissement de Paris, et aspirait à présent à une situation plus stable. Il lui fallait un vrai travail, à temps plein, en CDI. Ses contrats d'intérim ne lui permettaient pas de prétendre à une vie un tant soit peu sereine, car il n'avait jamais la certitude qu'en finissant une mission une autre suivrait. Pour cela, il ne pouvait plus se contenter d'utiliser les papiers d'un tiers qui était susceptible de vouloir les récupérer du jour au lendemain.

Il fallait donç qu'il se procure des documents d'identité à son nom, mais qui seraient faux par la force des choses. Se rendre en préfecture et faire une demande officielle, alors qu'il était entré illégalement sur le territoire ? C'était inconcevable.

« Et alors ? Comment tu as fait ? »

J'avais repris mon carnet de notes, attendant la suite de l'histoire, le stylo suspendu à ses lèvres. Entourée de mes frères et sœurs qui s'étaient pris au jeu de cet exercice journalistique, je l'écoutais avec curiosité raconter sa vie, tel un conteur. Durant toutes ces années, aucun de nous n'avait jamais eu connaissance de ce récit, ne s'était même interrogé sur les conditions d'émigration de notre père. On savait qu'il avait un jour quitté son pays, ce qui expliquait notre présence ici, mais on ne s'était jamais demandé comment. C'était le moment d'y remédier et d'affronter cette part de notre histoire.

« Laisse tomber cette partie, je ne peux pas te le dire.
— Pourquoi ?
— Si tu racontes ça, je vais avoir des problèmes. C'est illégal.
— Papa, tout ce que tu as fait depuis ton arrivée est illégal. Ça fait presque quarante ans, maintenant, il y a prescription.
— C'est-à-dire ?
— On ne peut plus te juger pour ça, le délai est passé depuis longtemps. Et puis vous êtes sûrement des millions dans cette situation. »

Mais il campait sur ses positions, se refusant à dire quoi que ce soit. Je dus ruser, lui promettant que je ne raconterais pas cet épisode, que j'en ferais une ellipse, c'était fréquent dans un roman, mais que je voulais quand même le savoir, pour moi, pour mes frères et sœurs, pour notre histoire personnelle. Alors il me raconta comment il avait obtenu des papiers à son nom, ce que je décidai finalement de retranscrire sans aucune hésitation, non par trahison, mais parce que j'estimais que cela disait quelque chose de lui, de son courage et de son abnégation, et qu'il n'y avait aucune raison de le passer sous silence.

Il fallait payer l'équivalent de trois cents euros pour avoir une carte de séjour et un certificat faux mais à son nom. Dans un premier temps, il avait hésité. Il risquait beaucoup trop en se portant complice de falsification de documents officiels, et se demandait si cela en valait vraiment la peine. Être rapatrié relevait de la honte, faire de la prison relevait de l'opprobre. Un coup du destin le poussa cependant à se lancer. Par un tiers, il apprit que des sessions de recrutement d'éboueurs avaient lieu à la mairie du 16e arrondissement de Paris. Il suffisait de s'y présenter avec des papiers en règle et de remplir un bref formulaire, avec au bout l'assurance de signer un CDI. Les postes étaient nombreux, les compétences requises élémentaires et les candidats, pour ce métier peu valorisé, insuffisants.

Mon père comprit très vite que c'était le moment ou jamais de saisir sa chance. Il avait vingt-sept ans maintenant, il devait penser à se marier, à construire son propre foyer. Et depuis ce jour où il avait rencontré Lalya, la fille de son hôte, à Dakar, elle n'avait plus quitté ses pensées. Il dut s'avouer que les raisons de son exil avaient évolué avec le temps. Il ne suffisait plus seulement de subvenir aux besoins de sa mère et de ses sœurs, à présent il œuvrait aussi pour pouvoir épouser celle qu'il aimait. Mais le mariage ne se résumait pas à une simple histoire d'amour, il impliquait d'avoir les capacités d'assumer une famille. Ainsi, il ne pouvait plus se contenter de petits contrats de ménage qui permettaient de survivre, il lui fallait un vrai emploi qui lui donnerait la possibilité de construire quelque chose de durable et de solide.

La veille de son entretien, il se prépara minutieusement, voulant mettre toutes les chances de son côté. Il prit une feuille vierge et, comme un enfant qui apprend à écrire, il recopia des dizaines de lignes avec son nom et son prénom, s'appliquant à réaliser des lettres bien rondes, recommençant dès qu'il décelait une imperfection, persuadé que ce serait en partie sur cela qu'on le jugerait. Il inventa aussi sa signature, indispensable pour parapher son formulaire de candidature. Il ne voulait pas de la croix basique, signature-type de tous les analphabètes. Alors, pendant un long moment, il s'entraîna à tracer les meilleures arabesques et les plus belles circonvolutions. Il essaya une signature autour de son prénom, puis opta pour son nom uniquement, et enfin tenta les initiales seulement. À la fin, il décida de faire un Y qui se terminait sur lui-même.

Le jour J, face au document que lui remit le responsable du recrutement, il se retrouva pourtant totalement démuni. Il fallait certes bien mentionner son nom et son prénom. Mais il y avait une dizaine d'autres questions auxquelles il ne s'était pas préparé. Il n'avait pas de difficultés particulières à indiquer ses coordonnées ; il ne savait en revanche que répondre en ce qui concernait ses diplômes et ses expériences professionnelles. Il regarda autour de lui et remarqua que les candidats qui l'entouraient avaient le même profil que le sien. C'étaient aussi de jeunes hommes étrangers qui ne devaient pas avoir plus de trente ans, noirs pour la plupart, même si on distinguait également des Maghrébins et des Européens du Sud. Il était facile d'imaginer qu'ils partageaient une histoire commune. Il chercha dans leurs regards une aide quelconque ou même un signe qui le rassurerait. En vain. Chacun était concentré sur ce qu'il écrivait, avec l'impression d'y jouer sa vie. Tant bien que mal, il tenta de remplir son formulaire, laissant des blancs au moindre doute, de peur qu'une mauvaise réponse ne nuise à sa candidature.

Au bout d'une demi-heure, alors que la pièce commençait à se vider, mon père remit le document au responsable. Ce dernier le relut sous ses yeux en demandant régulièrement les informations qui manquaient, ponctuant sa lecture de sons d'approbation et de moues renfrognées que mon père n'arrivait pas à décrypter, mais qui jouaient avec ses émotions, puis rangea la feuille. Et, comme aux autres candidats, l'homme lui indiqua qu'il devait attendre que son dossier soit étudié par son supérieur et qu'il serait contacté par courrier, seulement si la réponse était favorable.

# 15

Dès lors, une nouvelle étape s'ajouta à son programme quotidien. Après sa matinée de travail, au lieu de rentrer au foyer, il se rendait chez l'un de ses cousins éloignés, de ceux qu'on estimait comme un membre de la famille parce qu'une vieille amitié liait les parents et, assis au pied de son immeuble, il guettait patiemment l'arrivée du facteur. Il ne possédait pas de boîte aux lettres à son nom au foyer du boulevard du Bois-le-Prêtre. Elles étaient parfois endommagées, pas par les locataires, mais par des personnes extérieures qui pouvaient y pénétrer à leur guise, puisque l'entrée n'était soumise à aucun contrôle d'identité. Placées dans le hall, elles n'étaient pas toujours verrouillées, et une grande partie avaient été rendues vétustes par l'usure du temps et le nombre exponentiel de ses utilisateurs. Les homonymes, trop nombreux, pouvaient aussi induire en erreur et perturber la bonne distribution du courrier. Craignant de manquer une opportunité à cause d'une lettre volée ou égarée, il avait fait le choix, par sécurité, de recevoir son courrier chez un particulier. Une fois le facteur passé, il attendait quelques minutes avant de sonner chez son cousin, prétendant qu'il était dans le coin et qu'il en avait profité pour venir le saluer. Puis l'air de rien il lui demandait si, ces derniers jours, il n'avait rien reçu à son nom. Mais les semaines s'écoulaient sans la moindre lettre. Il avait fini par se résigner, pensant qu'il avait visé trop haut, acceptant l'idée qu'il ne pouvait pas réussir tout ce qu'il entreprenait. Ou, quand l'orgueil le submergeait, il se disait que finalement il n'avait pas besoin de ce travail, qu'il pouvait se contenter de ce qu'il avait déjà. En somme, ses ménages l'avaient installé dans une routine confortable. Il mangeait à sa faim, dormait au chaud et parvenait à assumer, bon an mal an, les charges de sa famille.

Un jour pourtant, alors qu'il se rendait machinalement chez son cousin comme il avait pris l'habitude de le faire, son pessimisme fut détrompé. Après les salutations d'usage, ce dernier lui tendit immédiatement une enveloppe. Elle était à son nom et portait en haut à gauche le logo de la Mairie de Paris. Il avait enfin reçu la réponse tant espérée. Après l'avoir rangée dans une des poches de son pantalon sans l'ouvrir, il prit le temps de finir le café au lait qu'on lui avait servi en tentant de masquer son excitation, puis prit congé de son hôte. Il se dépêcha de rentrer et, une fois dans sa chambre, ouvrit le courrier. L'en-tête comportait les coordonnées de l'Hôtel de Ville, ainsi que le logo déjà représenté sur l'enveloppe. C'était une lettre succincte. La taille de la police respectait les usages des courriers officiels, mais on pouvait distinguer deux mots en gras et en lettres capitales, avec une police plus grande : CONVOCATION et, plus loin, FORMATION. Au centre, une date tamponnée et une adresse étaient communiquées. Son nom avait été ajouté au-dessus en manuscrit, à côté de l'appellation « Monsieur », comme si on avait envoyé des dizaines de copies de cette lettre standard, auxquelles on avait ajouté des noms, sûrement ceux des hommes qu'il avait croisés lors de la session de recrutement. Il était convoqué à une formation au métier d'éboueur qui déboucherait sur un contrat avec la Ville de Paris, et devait se présenter le jour de la convocation avec sa pièce d'identité. L'équipement nécessaire lui serait fourni sur place. Il rangea précieusement le courrier, mais, le soir même, il le fit relire par un de ses voisins de chambre plus familier de la langue française pour être sûr d'avoir tout saisi.

Le jour J, il se rendit à la convocation, dans le 9e arrondissement de Paris. Quelques jours auparavant, il avait fait le trajet pour en évaluer la durée et repérer le lieu du rendez-vous. Il ne voulait pas compromettre ses chances à cause d'un retard ou d'un itinéraire imprécis. Il descendit à la station Notre-Dame-de-Lorette et, en sortant, vit l'église du même nom qui surplombait la rue de Châteaudun. Le quartier était encore désert et les commerces fermés. Il regarda autour de lui, essayant de se remémorer le chemin qu'il avait déjà pris quelques jours plus tôt, puis, après un moment de réflexion, se dirigea vers l'édifice religieux. De discrets escaliers le jouxtaient, semblables à ceux d'une bouche de métro. Il descendit les marches et ouvrit la porte devant lui.

Il pénétra dans une vaste pièce sans fenêtres, éclairée artificiellement par une ampoule poussiéreuse. Tout autour, une série de casiers, sur lesquels on distinguait des cadenas de tailles et de formes différentes. Certains étaient ouverts, laissant à la vue de tous des polos verts roulés en boule qui avaient sans doute déjà été portés, et sur lesquels on devinait le flocage blanc du sigle de la Mairie de Paris. En face, des bancs étaient alignés, et certains hommes, qui comme mon père s'étaient assurés d'arriver en avance, s'y étaient déjà assis. Une grande table rectangulaire était installée au centre de la pièce, sur laquelle on avait empilé des dizaines de polos identiques à ceux présents dans les casiers, pliés et emballés dans des sachets en plastique. Trois hommes en costume avaient pris place, chacun assigné à un rôle précis. Mon père attendit son tour dans la file qui s'était organisée devant l'un d'eux et, quand il se présenta devant lui, il vit qu'il tenait un document comportant une liste de noms qu'il cochait au fur et à mesure. L'homme lui jeta un bref regard, puis lui demanda :

« Vous êtes ?

— M. Dramé.

— Dramé Yely ?

— Oui. »

Il était soulagé d'entendre son nom. Pendant une fraction de seconde, il avait craint qu'on ne le renvoie chez lui sans ménagement en lui signifiant que c'était une erreur et qu'il n'était finalement pas retenu pour la formation. L'homme mit une croix près de son patronyme, puis le fit émarger. Un autre lui remit un uniforme complet, non sans s'enquérir au préalable de sa taille, puis lui indiqua une place sur le banc. Quand tous les impétrants furent servis, le troisième homme qui s'était tenu à l'écart pendant les contrôles d'identité prit la parole. Il leur expliqua qu'ils seraient formés au métier d'éboueur tout au long de la semaine et que le dernier jour ils signeraient leur contrat.

Encore des histoires de ménage. Un jeu d'enfant, pensèrent-ils. Il n'en fut rien. Pour la plupart, c'était déjà le métier dans lequel ils opéraient, mais la tâche fut plus ardue que ce qu'ils avaient fait auparavant. Il ne s'agissait plus seulement de nettoyer des bureaux pour en récolter dans le meilleur des cas des moutons de poussière, dans le pire shampooiner un café renversé sur une vieille moquette. Non, il fallait crapahuter dans la jungle parisienne en manipulant de grands balais aux poils longs en plastique, laver les rues en domptant des jets d'eau à haute pression, vider les poubelles dans de grands camions à benne, en maniant aussi bien le volant que le système mécanique du vide-ordures. La formation avait la particularité d'avoir lieu dans les beaux quartiers de la capitale. Le contraste était saisissant entre ces petits bonshommes en vert, semblables à des extraterrestres, et les habitants des quartiers qu'ils nettoyaient.

Tous les jours, mon père s'essaya aux différents ateliers, cherchant ses aptitudes et ses facilités dans chacune des facettes du métier. Il avait le souci de bien faire, frisant parfois le zèle, pour être sûr d'être embauché.

À l'issue de la formation, il signa son contrat.

# 16

« Tu reviens quand, papa ?
— Je ne sais pas. Il fait encore froid à Paris ? »

Il me fallut attendre plusieurs semaines pour avoir la suite de l'histoire. Comme à son habitude depuis qu'il avait pris sa retraite, mon père était rentré se ressourcer à Dakar, là où il s'était construit une maison après trente années de dur labeur. Il s'était toujours dit qu'il finirait par y retourner. Comme tous les immigrés de sa génération, il s'était promis de rentrer un jour et de finir sa vie au Sénégal, là où progressivement sa famille avait immigré. Il avait fait tout ce qu'il avait pu pour tenir parole, mais, un an avant la fin de sa carrière, quand il avait évoqué le sujet avec ma mère, elle avait mis son veto. Il était hors de question pour elle de laisser ses enfants et ses petits-enfants seuls à Paris. Il avait défendu sa position pied à pied pendant des mois, arguant qu'il avait pris cette décision le jour même où, en descendant du *Marsiglia*, il avait foulé le territoire français. Mais rien n'y faisait, ma mère s'y opposait fermement. En dernier recours, face à la ténacité de sa femme, il avait essayé de trouver un compromis, émettant l'hypothèse que les plus jeunes de la famille pourraient rentrer aussi. En vain. Comme tous les autres, il n'avait pas tenu parole, et comme tous les autres, il avait fini par se contenter d'allers-retours entre le pays qu'il avait quitté et celui qu'il avait rejoint.

Je pris mon mal en patience en attendant le retour de mon père, essayant de deviner ou d'imaginer la suite de son expérience, tout en étant persuadée de ne pas être à la hauteur de son récit. Alors que l'écriture était une épreuve par moments, insurmontable, même, parfois, je me retrouvais maintenant dans un état de manque, totalement dépendante, littéralement, de l'histoire de mon père. Je n'avais qu'une hâte : en connaître la suite. Aux prémices de ce roman, je m'attendais à raconter un récit d'émigration comme il y en avait des millions, à l'image des hommes que l'on croisait régulièrement, dont on imaginait qu'ils avaient pris la mer ou la route uniquement dans l'espoir d'une vie meilleure, mais sans qu'on prenne conscience qu'il y avait derrière chacun d'eux une histoire d'exilé différente. Au fil de l'écriture, je me rendis compte que je voulais dépasser le récit universel et raconter la singularité du parcours de mon père, comment il avait dû faire face à certaines des situations avec les bagages qu'il possédait, comment il avait réussi à surmonter certaines épreuves sans les armes qui lui manquaient, comment son abnégation lui avait permis de s'en sortir, raison pour laquelle, après une longue hésitation, au titre « Les Émigrants » qui était beaucoup trop vaste, j'avais préféré *Ajar – Paris*, plus personnel et intime.

Son nouvel emploi lui avait conféré une sécurité certaine qui, avec le temps, se mua en insouciance. Durant les trois années qui suivirent, mon père s'habitua peu à peu à sa nouvelle vie en France. Il commençait même, ayant du mal à se l'avouer d'ailleurs, à prendre plaisir à vivre ici. Toutefois la monotonie de son existence avait fini par le rattraper. Ses journées avaient beau être remplies par son travail, le matin éboueur, le soir homme de ménage dans les bureaux, il se sentait seul à Paris, même quand ses cousins et ses amis lui rendaient visite. Il voyait aussi progressivement certains de ses compatriotes, dont la situation administrative avait été régularisée, rentrer au pays pour les vacances et revenir mariés, ce qui conférait un certain dynamisme à leur vie, leur ouvrant d'autres perspectives et l'envie de nouveaux projets.

Il entama donc une correspondance épistolaire avec Lalya, la fille de son hôte à Dakar, multipliant les témoignages d'affection à son égard. Il ne savait pas comment écrire en soninké ou en français ce qu'il ressentait, et elle ne lisait pas l'arabe. Alors il exprimait ses pensées à un tiers, plus adroit que lui dans la langue de Molière, et ce dernier se chargeait de les traduire. Mais Lalya restait insensible aussi bien aux missives qu'aux cadeaux qu'il lui envoyait régulièrement. J'avais entendu cette histoire des dizaines de fois, mais de son point de vue à elle, quand on se retrouvait entre filles, avec ses sœurs et les miennes, à la veille d'un mariage ou lors de son tour, la petite fête qu'on organisait quand on touchait sa tontine. Elle expliquait que mon père lui avait fait la cour pendant des mois, mais qu'elle avait systématiquement refusé ses demandes en mariage. Et puis un jour elle avait fini par céder, pour faire plaisir à son propre père, disait-elle. C'était l'aînée de la famille, il fallait qu'elle montre l'exemple. Le mien avait un tout autre discours : il en était sûr, comme lui elle avait eu un coup de foudre dès le jour de leur rencontre à Dakar. D'ailleurs, on lui avait rapporté qu'elle passait des heures à écouter sa voix, sur les cassettes audio qu'il lui envoyait, en complément des lettres qu'il lui écrivait. Elle contestait les dires de mon père, et alors ils se chamaillaient comme des enfants, chacun des deux voulant prouver, à coups d'arguments jugés infaillibles, que l'un avait aimé l'autre en premier.

En 1979, pour la première fois depuis quatre ans, mon père rentra à Dakar pour se marier. À trente ans, il prenait enfin l'avion. Quelques jours auparavant, il s'était rendu dans une agence de voyages pour réserver son billet, puis avait acheté deux grosses valises bon marché. Il n'avait pas accumulé grand-chose pendant ces années à Paris, et un bagage à main aurait sans aucun doute suffi à transporter ses effets personnels. Mais il devait prouver à sa famille restée au pays qu'il avait réussi, et les preuves de cette réussite ne pouvaient être que matérielles. Ainsi, dans un excès de surconsommation, il avait empli ses valises de choses diverses et variées, principalement des articles qu'on ne trouvait pas là-bas ou dont la vente n'était pas encore démocratisée à cette époque, certains qu'il ne s'était même jamais achetés ou n'avait jamais consommés. L'essentiel était qu'au premier coup d'œil on puisse sentir la France. Alors, dans les valises, le lait en poudre se mêlait au café soluble, les pots de Nutella aux pains au lait industriels, les tubes de dentifrice et les rasoirs jetables étaient accompagnés de crème hydratante et de bouteilles de parfum, les chemises étaient assorties aux pantalons, les boîtes de paracétamol et les pommades étaient soigneusement conservées dans un sac en plastique. Chaque membre de la famille était ainsi satisfait, du plus jeune au plus âgé. Le jour du départ, et sans qu'il pût les refréner, les souvenirs de son arrivée s'imposèrent à lui. C'était pourtant une chose à laquelle il ne voulait plus penser. C'était du passé, maintenant. Mais il avait beau faire, il ne contrôlait pas ce petit atome d'orgueil qui lui rappelait qu'il rentrait non pas en ayant réussi, c'était trop tôt pour le dire, mais sans avoir échoué, ce que, comme tous les autres, il avait toujours craint. Il déposa ses bagages au comptoir, se demandant si celui qui se chargerait de les mettre en soute était un jeune homme en situation irrégulière, fraîchement débarqué de ses terres. Il lui aurait alors sûrement dit de tenir bon, qu'avec le temps ça s'arrangerait. Il prit ensuite place dans l'avion et, cinq heures plus tard, il atterrit à Dakar.

Dans la voiture qui l'emmenait chez Demba Souleymane, il regardait avec émotion la ville défiler, constatant à cet instant combien les quartiers, l'ambiance, le bruit et l'odeur lui avaient manqué. On pouvait vivre une vie relativement confortable dans un pays lointain, posséder tout ce qu'on avait toujours désiré, on n'oubliait jamais son chez-soi. Il fut accueilli par sa mère qui avait fait le voyage depuis Ajar. Il la salua avec déférence, sans effusion de sentiments. Ils ne s'étaient pas vus depuis plusieurs années, ne s'étant parlé que quelques minutes par semaine pendant cette période, et étaient tous les deux intimidés de se retrouver. Juste derrière elle se tenait Lalya, qui attendait son tour pour le saluer. Elle portait une robe traditionnelle bleue, ornée de fils argentés. Ses cheveux étaient tressés de minuscules nattes collées, qui avaient dû être réalisées la veille. On pouvait encore voir les traits de son visage tirés par les mains fermes de la coiffeuse, qui avait beaucoup trop serré la coiffure. Ses mains étaient ornées de motifs dessinés au henné noir, dont ses pieds étaient entièrement recouverts. Elle ne s'était pas maquillée, seul un trait de khôl rehaussait son regard. C'était la première fois qu'ils se tenaient face à face depuis leur rencontre lors de son escale dakaroise. Alors ils se saluèrent brièvement, gênés par les regards insistants autour d'eux ; ils échangèrent des banalités sur le voyage et la météo, puis finirent par se serrer la main timidement.

Toute la soirée, on vint rendre visite à celui qu'on appelait désormais « le Français ». Il avait suffi de quelques années à l'étranger pour qu'on lui octroie ce titre. Il répétait inlassablement le récit de son périple, éludant les moments difficiles, en enjolivant certains. Son auditoire était composé des membres de sa famille, mais aussi de voisins et d'amis attirés par le retour de l'enfant prodigue. D'aucuns étaient sûrement des candidats au départ, de ceux dont mon père avait fait partie, qui attendaient comme un feu vert de sa part, un signe dans une parole rassurante du revenant. Il se surprit à tenir le même discours que celui qu'il avait entendu avant de partir.

Le soir, il s'entretint avec Lalya.

Le lendemain, ils se marièrent.

# 17

« Vous vous êtes mariés alors que vous vous connaissiez à peine ?

— Nos familles se connaissaient et se respectaient, ça suffisait. Il n'y a pas besoin de plus. C'est vous qui avez besoin de vous fréquenter des mois voire des années. À quoi ça sert ? Vous allez voir vos défauts et vous n'aurez plus envie de vous marier.

— Justement, je ne vais pas épouser quelqu'un alors que je me suis rendu compte qu'on était incompatibles.

— On n'a pas la même vision du mariage. Moi, je voulais d'abord trouver une femme qui partageait ma culture, et je me suis seulement autorisé ensuite à l'aimer. Vous, vous faites l'inverse.

Ma mère renchérit : « Les sentiments, ça vient avec le temps. »

Tout avait commencé quelques semaines auparavant, dans le respect strict des traditions, avec le *moulounde*, terme qu'il est difficile de traduire littéralement en français, sorte de substantif du verbe « chercher », différent cependant du mot équivalent de « recherche », et qui désigne la demande en mariage officielle. On était bien loin du cliché occidental. Il ne s'agissait pas pour mon père de poser un genou à terre au pied de la tour Eiffel, puis d'ouvrir un écrin dissimulant une bague surmontée d'un diamant de plusieurs carats, en prononçant la formule consacrée : « Veux-tu m'épouser ? »

Submergée par des larmes d'émotion, ma mère aurait alors soufflé un « oui » inaudible qui aurait déclenché à son tour les larmes de mon père, le tout saupoudré de notes de violon. Non, l'affaire avait été beaucoup plus simple. Après s'être parlé pendant des semaines et avoir décidé de se marier, mon père avait envoyé un de ses oncles auprès de mon grand-père maternel pour demander officiellement la main de sa fille. Par respect, il ne pouvait pas faire la demande lui-même. Une fois la demande acceptée, s'ensuivirent quelques semaines plus tard à Dakar deux célébrations du mariage.

Le mariage religieux était une affaire d'hommes. On ne pouvait pas vraiment le définir comme un sacrement, il se présentait davantage comme une sorte de contrat entre les deux futurs époux. Les hommes des deux familles se réunissaient dans une pièce de la maison et introduisaient la cérémonie par une *khotba*, un court sermon en arabe composé de formules de louange à Dieu. Puis l'un d'eux, souvent le plus érudit ou le plus âgé, demandait au père de la future mariée, qui représentait sa fille, s'il consentait toujours à donner sa main, comme cela avait été convenu au préalable. Après la réponse positive, on demandait au représentant du futur marié s'il acceptait toujours de prendre la jeune femme comme épouse. Une fois les deux parties en accord, on récitait la première sourate du Coran, la *Fatiha*, qui scellait l'union. La cérémonie se terminait par une série d'invocations et de bénédictions faites par les invités en faveur des jeunes mariés. Le nouvel époux remettait ensuite à son beau-père la dot fixée avant le mariage. Cette somme d'argent revenait à l'épouse, mais elle se devait de la diviser et de la partager entre les nécessiteux, si elle n'était pas dans le besoin. Il ajoutait aussi des noix de kola, qui avaient comme fonction symbolique d'« attacher le mariage », c'est-à-dire de le sceller et de le rendre pérenne. Elles étaient ensuite distribuées aux invités comme des dragées. Au début, il y avait donc deux familles. À la fin, elles n'en constituaient plus qu'une.

Le mariage coutumier, lui, était une affaire de femmes. La tradition ancestrale avait traversé les âges et les frontières en suivant une série d'étapes bien précises, même si on pouvait distinguer quelques différences d'un pays à l'autre. Le jeudi qui suivait le mariage religieux, la future épouse passait la journée dans sa chambre où on venait la saluer et la féliciter. Néanmoins, il était interdit à tous les membres de sa belle-famille de s'y rendre, aussi bien les hommes que les femmes, la coutume voulant qu'ils ne la voient que lorsqu'elle se rendrait chez eux. Le soir, entourée des femmes de sa famille et de ses amies, la future mariée commençait la cérémonie par un bain rituel censé la purifier symboliquement. Elle était plongée dans une grande bassine d'eau, et, tandis que les plus jeunes l'aidaient à se laver, pérorant sur le jour où elles seraient à sa place, les plus âgées la conseillaient sur ce qu'allait être sa nouvelle vie, émues d'être à présent spectatrices d'une scène dont elles avaient jadis été les protagonistes. Assise ensuite sur un tabouret, autour duquel elle avait au préalable tourné trois fois, et toujours aidée des femmes, elle endossait une tenue blanche et se parfumait au *thiouraye*, un mélange de graines à l'odeur suave à brûler avec du charbon, qui agissait comme un aphrodisiaque. Elle enfilait aussi des *bin-bin*, sortes de colliers de perles à porter autour du bassin aux mêmes vertus aphrodisiaques que le *thiouraye*. Une fois apprêtée, elle sortait de la chambre sous le son des tam-tam et les cris de joie des invités, puis était escortée jusque chez sa belle-famille où l'attendait son futur mari. Sur le chemin, elle était cachée à plusieurs reprises par ses sœurs et cousines qui réclamaient, sur un ton rieur, une rançon fictive pour libérer la mariée. Elle passait alors une semaine dans la famille de son mari, ne devant quitter la maison sous aucun prétexte. Pendant sept jours, elle ne se nourrissait que de *sombi*, d'un peu de viande et d'eau chaude, censée purifier son corps et lui donner le teint frais. Ses amies lui rendaient visite régulièrement et lui glissaient discrètement les aliments qui lui étaient proscrits, ce petit jeu ayant fini avec le temps et les nouvelles générations par faire partie intégrante de la tradition. Au cours de ces sept jours, elle était assistée d'une *rousmenta*, une femme payée pour s'occuper d'elle toute la journée et qui avait à sa charge les tâches ménagères et la préparation des repas ; elle appartenait toujours à la caste des esclaves, car la légende disait que, contrairement aux femmes des autres castes, elles ne divulguaient jamais les secrets de la chambre. Au terme de cette période, en quittant la maison de son mari, la jeune femme devait se rendre avant toute chose chez sa mère qu'elle avait quittée en tant que jeune fille, et qu'elle retrouvait en tant que femme. L'après-midi, pendant plusieurs heures, un griot chantait la vie des ancêtres des deux nouveaux époux, puis présentait un par un aux invités les articles du trousseau que le marié avait soigneusement et grassement préparé pour sa femme. On y trouvait des dizaines de pièces de bazin et de wax, ainsi que des parures de lit et des bouteilles de parfum. Le soir enfin, une grande fête consacrait la noce.

Quelques jours seulement après les deux cérémonies de mariage, pas encore totalement remis de ses émotions, mon père rentra à Paris. Seul.

# 18

« Mais pourquoi est-ce que tu es rentré aussi vite ? Et sans ma mère ? Vous n'avez même pas eu le temps de profiter ! »

Il n'avait en effet pas tellement eu le temps de profiter de son mariage, très vite il avait fallu retrouver le métro, le camion poubelle, le ménage dans les bureaux et sa chambre au foyer. Souvent, dans la journée, il se laissait emporter par les souvenirs de ces jours à Dakar et rêvait du jour où il pourrait avoir sa femme à ses côtés.

Contrairement à mon père qui avait de faux papiers à son nom, ma mère n'était détentrice d'aucun passe-droit, et n'avait donc pas pu faire le voyage retour avec lui. En attendant, il devait donc se résigner, comme une grande partie des immigrés, à vivre une relation à distance, à coups de congés que son employeur lui accorderait, et de billets d'avion qu'il aurait les moyens de s'acheter au prix d'économies quotidiennes drastiques. Il rentrerait alors de temps au temps au Sénégal, et un jour sa femme tomberait enceinte. Il ne verrait grandir ses enfants qu'à raison de quelques semaines par an, son existence n'étant attestée que par des appels internationaux automatisés, le paiement des frais de scolarité, une tendresse dévoilée grâce à des cadeaux envoyés. Au lieu d'être un père tout court, il deviendrait un père matériel, l'ajout de cet adjectif ayant le comble de réduire son rôle au lieu de le renforcer. Avec le temps, il n'aurait bâti aucune complicité avec ses enfants et ne serait qu'un étranger pour eux.

Ce n'était pas de cette vie qu'il voulait. Dans ces conditions, il lui arrivait d'avoir envie de tout quitter et de rentrer vivre auprès de celle qu'il aimait, mais cela était inenvisageable, trop de personnes comptaient sur lui désormais. Le mariage impliquait que ma mère quitte officiellement son foyer pour rejoindre le sien, il ne pouvait donc pas décemment retourner à Dakar et s'installer chez sa belle-famille, à la charge de ses beaux-parents, il était de toute façon beaucoup trop orgueilleux pour cela. Mais, de la même manière, il était totalement exclu de retourner vivre à Ajar avec elle, sans avoir rien construit. Cela aurait été un aveu d'échec. L'idée qu'elle puisse faire le voyage que lui-même avait entrepris cinq années auparavant sur le *Marsiglia* ne lui traversa même pas l'esprit, c'était une épreuve d'homme, et il n'allait pas l'imposer à sa femme. Il ne semblait pas avoir de solution à la situation dans laquelle il se trouvait.

Pourtant, à l'aune d'un détail, tout aurait pu être différent. À la fin de la Seconde Guerre mondiale, après que mon grand-père paternel eut combattu dans les rangs français, on lui avait proposé la nationalité, qu'il avait refusée. Il n'avait pas l'intention de s'installer en France et n'en voyait donc pas l'utilité. À l'époque, il ne se doutait pas non plus que, quelques dizaines d'années plus tard, la jeunesse africaine fuirait le continent à la recherche d'un avenir meilleur de l'autre côté de la Méditerranée, et que cette nationalité constituerait un sésame précieux pour ses enfants. En la refusant, sans s'en rendre compte, il les en avait privé.

Il se résolut alors à accepter la situation telle qu'elle était. Le temps de trouver une solution viable, il vivrait à Paris et son épouse à Dakar. Mais, plusieurs semaines après, au détour d'une conversation avec elle, son projet de la faire venir plus tard fut mis à rude épreuve. Elle lui annonça qu'elle attendait leur premier enfant. Refusant, comme il se l'était toujours juré, de n'être qu'un géniteur pour celui ou celle qui arrivait, rejetant une réalité à laquelle il s'était résigné, il mit tout en œuvre pour que ma mère le rejoigne, et le plus rapidement possible. Il demanda d'abord conseil à un de ses collègues portugais, immigré de longue date, qui vivait avec son épouse et ses enfants en France. Ce dernier lui parla alors d'un moyen légal et officiel de faire venir sa famille, quand on était soi-même établi dans le pays. Mon père se renseigna auprès de ses supérieurs, qui lui expliquèrent la marche à suivre pour le regroupement familial. Il devait justifier d'un emploi, qu'il avait déjà, mais aussi d'un logement décent pouvant accueillir femme et futur enfant.

Il ne s'imaginait pas vivre avec ma mère au foyer du Bois-le-Prêtre, d'ailleurs aucune femme n'y vivait. Dans les chambres de deux à quatre lits simples, seuls logeaient des hommes qui n'étaient pas mariés ou dont la femme ne vivait pas en France. Alors il entreprit dans un premier temps de trouver un appartement en se présentant dans des agences immobilières. Il leur expliqua l'urgence de la situation, en vain. Son dossier n'était jamais retenu, peut-être même jamais présenté aux propriétaires. Mais, alors qu'il perdait tout espoir, une des cousines de ma mère l'appela. Elle savait qu'il cherchait un appartement et elle quittait le sien. Elle le lui laissait s'il en voulait, mais ce n'était pas grand-chose, juste un petit studio près de Paris, à Pantin. Il n'hésita pas une seconde, il aurait même été prêt à accepter une chambre de bonne. Il avait à présent tous les éléments pour constituer un dossier de regroupement familial. Il se fit aider pour remplir les différents formulaires et, avant de le déposer, vérifia à plusieurs reprises qu'aucun document ne manquait. Puis, comme il l'avait déjà fait plusieurs fois depuis son arrivée en France, il attendit. Attendre fait partie intégrante de la vie des émigrants : ils attendent le bon moment pour quitter leur pays, attendent qu'une situation se débloque pour trouver un travail, attendent d'avoir des papiers provisoires avant d'en avoir des pérennes, attendent d'avoir assez réussi pour pouvoir enfin rentrer chez eux. En fait, ils passent leur temps à attendre.

Comme mon père, ma mère arriva à Paris un jour d'automne et fut frappée par l'accueil glacial du pays. C'était devenu une sorte de topos auquel les émigrés ne pouvaient échapper. Quitter la chaleur africaine pour le temps morose européen, quitter la chaleur familiale pour l'indifférence d'étrangers. Néanmoins, contrairement à mon père, ma mère avait « fait les bancs », comme on disait au Sénégal, et comprenait la langue de son pays d'accueil, ce qui rendrait son intégration moins difficile. En revanche, elle quittait sa famille et devait apprendre à vivre avec un homme qu'elle n'avait, même si c'était son mari, que très peu fréquenté. Elle arriva dans leur appartement que mon père avait sommairement aménagé dans la précipitation. Elle qui avait vécu dans une grande maison, dans laquelle cohabitaient une douzaine de personnes, se sentit à l'étroit dans ce studio étriqué, impersonnel et silencieux. Pendant des jours, elle se l'appropria, garnissant les armoires de wax et de bazin, couvrant le lit de draps aux motifs brodés africains ou parfumant la pièce des effluves de ses plats.

Et le 26 avril 1980, à tout juste vingt ans, elle mit au monde leur premier enfant.

# 19

Haby arriva un jour de printemps. Comme la tradition le stipulait, elle devait porter le nom d'un aîné de la famille, et deviendrait alors son *torola*. Ainsi mon père lui avait donné le nom de sa grande sœur, décédée de la tuberculose. La tradition voulait aussi que la femme qui venait de mettre au monde son premier enfant passe quarante jours auprès de sa mère pour apprendre les rudiments de son nouveau rôle. J'ai moi-même vu la mienne initier mes deux grandes sœurs après la naissance de leur premier enfant. Elles s'étaient installées au domicile familial pendant plus d'un mois, juste après leur accouchement, et ma mère leur avait appris à prendre soin de leur bébé. Elle restait près d'elles lors des premiers allaitements, leur expliquait comment déceler une colique, les aidait à moucher leur bébé, se levait parfois la nuit quand il pleurait. Pourtant, elle, elle n'avait pas eu droit à cette formation. Quand Haby vint au monde, sa mère se trouvait à des milliers de kilomètres, et le réseau téléphonique international n'était pas encore assez développé pour qu'elle puisse l'appeler régulièrement à moindres frais. Elle dut donc faire seule son éducation de jeune mère. Certes, très tôt, elle avait eu la responsabilité de ses petits frères et sœurs en s'occupant d'eux quotidiennement. Elle leur faisait la toilette, les habillait, ne rechignait pas à leur chanter des comptines en wolof le soir pour qu'ils s'endorment : *Ayo nenne, nenne nenne tutti* (« Bébé, mon petit bébé »). Mais, face à sa propre fille, elle semblait avoir perdu les repères acquis depuis de nombreuses années. Et puis, jour après jour, comme par enchantement, elle prit ses marques. Au bout de quelques mois, ils quittèrent leur studio à Pantin pour un appartement plus grand à Trappes.

Et, en septembre 1981, ma mère mit au monde leur premier fils, Abdoulaye, du nom de son grand frère lui aussi disparu trop tôt.

Elle ne travaillait pas, partageant son temps entre l'éducation de ses deux jeunes enfants et les tâches ménagères, et ne sortait que très rarement, si ce n'était pour aller faire des courses ou rendre visite à des membres de la famille. Peu à peu, elle se lia d'amitié avec ses voisines qui, comme elle, étaient originaires d'Afrique subsaharienne. Outre leur culture, elles avaient aussi pour point commun d'avoir quitté leur pays pour rejoindre un mari en France. Elles se retrouvaient tous les après-midi chez l'une ou chez l'autre, ou quand il faisait beau se rejoignaient dans un parc de leur quartier. Contrairement aux hommes, toujours habillées de vêtements traditionnels, elles n'avaient pas troqué leurs tissus colorés aux motifs ethniques pour des jeans et des tee-shirts. Autour de beignets et de jus de bissap qu'elles avaient préparés à tour de rôle, elles se remémoraient leur vie d'avant, échangeaient sur leur vie d'aujourd'hui et s'imaginaient leur vie d'après. Elles avaient fini par se recréer leur monde à elles, au cœur de la banlieue parisienne.

Un jour, mon père reçut un appel de Dakar. C'est fou comme les ennuis arrivent toujours par un coup de téléphone. On lui annonça que sa mère était malade, rien de grave, de l'asthme, mais elle avait cinquante-six ans et aucun médecin à Ajar pour la soigner. Elle avait alors quitté son village pour rejoindre Dakar, mais ni les médecins, qui ne trouvaient pas de traitement adéquat, ni les routes ensablées de la capitale sénégalaise qui encombraient ses voies respiratoires ne l'aidèrent. Les flacons de Ventoline envoyés régulièrement par mon père étaient épuisés. Alors, comme il l'avait fait pour sa femme, mon père n'eut d'autre solution que de faire venir sa mère. Après quelques démarches administratives, il lui obtint un visa d'un an.

Elle arriva à Paris à la fin de l'année 1982, au moment de la venue au monde de ma grande sœur Hadja.

Ils vivaient à présent à six, ma grand-mère, mes parents et mes trois frère et sœurs dans le logement de Trappes, qui devint rapidement trop petit pour ces trois générations d'une même famille. Inconsciemment, ils avaient reproduit au cœur de l'Europe le modèle des familles nombreuses africaines, dans lequel eux-mêmes avaient vécu, où toutes les générations étaient représentées. Ce mode de vie reposait sur des traditions ancestrales, bien antérieures aux soupçons d'enrichissement pécuniaire qui pouvaient y être accolés. Ma mère était l'aînée d'une fratrie d'une quinzaine d'enfants dans un pays sans aides sociales, et c'est dans ce schéma familial qu'elle s'épanouissait. Mais Trappes, ni même Paris, ni la France d'ailleurs n'étaient adaptés à ce mode de vie. Ici les femmes ne faisaient en moyenne que deux enfants, et ma mère déjà, en deux ans, avait dépassé le quota.

Au début de l'année 1983, à contrecœur, ils quittèrent Trappes pour la capitale. C'était pourtant une chance pour eux d'emménager à Paris. Mon père n'était qu'à quelques encablures du 9e arrondissement où il travaillait, et, grâce aux transports en commun, tout était beaucoup plus accessible pour ma mère qui pouvait enfin se déplacer sans dépendre de lui. Ils se plaisaient bien à Trappes, ils y avaient tissé des liens forts, commencé à fonder leur famille, ce qui n'était pas rien, et s'y sentaient presque chez eux. Ce fut une déchirure de quitter leur quartier. Un nouveau déracinement. Toute leur vie, d'ailleurs, ils rêveront de retourner y vivre définitivement, enfin jusqu'à leur retour au pays que mon père fantasmait. Je garde encore en mémoire des souvenirs lointains où, petite, j'entendais mes parents évoquer ce retour dans les Yvelines et me rappelle ces week-ends où, très tôt le matin, ils allaient y visiter des pavillons sans jamais en trouver un qui leur convienne. Puis, avec le temps, ils avaient fini par s'habituer à leur nouvelle vie parisienne, et ne se rendaient à Trappes que pour voir la famille et les amis qui y vivaient encore, ou pour une consultation chez un médecin qu'ils n'avaient pas voulu remplacer, comme pour mieux garder un lien avec la ville qu'ils avaient quittée.

Ils déménagèrent à Belleville, dans une cité du 19e arrondissement de Paris. Salarié de la Mairie de Paris, mon père avait fait une demande de logement auprès de son employeur, et on lui avait alors attribué un quatre-pièces aux murs tout blancs, dans un immeuble neuf de la capitale. Ils s'y installèrent tous les six. Et c'est là que, à la fin de l'année, Kitcha, le quatrième enfant de la famille, naquit.

# 20

Mon père ne connaissait pas grand-chose à la politique, pas plus à celle de son pays d'accueil qu'à celle de son pays d'origine. Cela n'avait rien à voir avec un quelconque désamour, il n'avait jamais vraiment eu le temps de s'y intéresser. Entre son retour de la *madrassa*, la mort de son père, les départs d'Ajar puis de Dakar et l'arrivée en France, il avait eu beaucoup d'autres préoccupations dans la vie. En 1981, l'élection de François Mitterrand à la présidentielle n'avait pas changé ses habitudes. Il n'avait pas ressenti personnellement le vent de fraîcheur et d'espoir qui avait traversé le pays, et plus particulièrement au sein du peuple de gauche, davantage sensible à la cause des immigrés en situation irrégulière. Pourtant, après son accession au pouvoir, le Président avait massivement régularisé les sans-papiers à deux conditions : pouvoir justifier d'une présence en France depuis le premier jour de l'année 1981 et disposer d'un emploi depuis au moins un an, critères que mon père remplissait. Pour des raisons qui m'étaient inconnues, il n'en avait pas fait la demande.

Trois ans plus tard, en 1984, une rumeur commença à se répandre dans les foyers de la rue Rochebrune et du boulevard du Bois-le-Prêtre. Il se disait que le nouveau Président instaurait une carte de résident valable dix ans, contrairement à celles déjà en vigueur qui n'étaient valables qu'un, deux ou cinq ans. Elle était destinée à ceux qui avaient déjà un titre de séjour, mais aussi aux sans-papiers qui pouvaient justifier d'un emploi et d'une installation pérenne dans le pays. Il s'agissait toujours de cela, d'un logement et d'un emploi. La France acceptait d'être une terre d'accueil, mais sans avoir à sa charge de nouveaux chômeurs et de nouveaux SDF. Perdue entre les différents types de documents d'identité, me demandant si la carte de résident équivalait à l'actuelle carte de séjour, si elle permettait de travailler ou seulement de séjourner sur le territoire, je commençai des recherches pour éclairer ma pensée, mais, comme je l'avais fait depuis le jour où j'avais entrepris de raconter sa vie, je décidai de revenir à mon père en restant au plus près des faits qu'il m'avait exposés. En réalité, ce n'est pas tant la précision qui m'intéressait que les souvenirs qu'il en gardait, authentiques ou altérés avec le temps. Je voulais sa vérité à lui.

À cette époque, il n'était pas concrètement en situation irrégulière puisqu'il possédait toujours la fausse carte de séjour achetée quelques années auparavant, et avec laquelle il n'avait jamais eu le moindre souci. Mais on ne savait jamais ce que l'avenir nous réservait. Il suffisait d'une perte ou d'un contrôle mené par un policier un peu plus zélé que les autres, et tout pouvait tomber à l'eau. Il ne supportait plus cette sensation d'être traqué, l'idée que le regard trop fuyant ou encore trop insolent de celui qui n'a rien à se reprocher pouvait le conduire à être contrôlé, arrêté, expulsé. C'est particulièrement dans ces moments-là qu'il se souvenait qu'il n'était plus seul à présent. Il ne l'avait jamais vraiment été, mais, aujourd'hui, il avait engagé trop de monde dans l'entreprise de sa vie. Il prit alors la décision de régulariser sa situation, en demandant des papiers authentiques. Mais quand il en parla à un de ses amis, dans la même situation, il se rendit compte que cette décision ne faisait pas consensus autour de lui :

« À quoi ça va te servir d'avoir de vrais papiers ? Tu comptes rester ici ? lui demanda-t-il.

— Ils me serviront à travailler, tout simplement. C'est bien pour cela qu'on est venus, non ?

— Mais tu arrives déjà à travailler sans qu'on mette ton nom sur un document officiel. Tu y arrives depuis des années, pourquoi est-ce que cela changerait ? »

Devant l'absence de réaction de mon père, il ajouta :

« Si tu régularises ta situation, tu risques de t'oublier ici. Et garde à l'esprit qu'ici, ce n'est pas chez toi. Ce n'est pas chez nous.

— Je sais bien. Je vais juste travailler ici encore quelques années, l'esprit tranquille. Je ne veux plus craindre d'être arrêté et expulsé avant d'avoir pu construire quelque chose chez nous, pour ma famille. Ces papiers seront comme les faux papiers que j'ai déjà, sauf qu'ils seront vrais. Quelle est la différence ?

— La différence, c'est qu'une fois que tu auras de vrais papiers, tu resteras ici définitivement parce que plus rien ne te rappellera que ce sera le moment de partir. Ni les contrôles de police de plus en plus fréquents, ni les faussaires qui devront de nouveau te vendre de faux papiers. Une fois que tu auras construit une maison pour ta femme et ta mère chez toi, tu voudras en construire une autre plus grande, puis une autre plus belle, chaque nouveau projet repoussant le moment où il sera temps de rentrer. Et puis, au final, sans t'en rendre compte, tu auras fait toute ta vie ici. Regarde, tu as déjà quatre enfants français. Quatre. Qu'est-ce qu'ils sauront de toi, de qui tu es vraiment ? Tu n'arriveras jamais à leur transmettre ta culture dans un pays si différent du tien. »

Mon père écouta attentivement le discours de son ami. Et, alors qu'il commençait à fléchir, trouvant du sens dans les propos de son interlocuteur, il se remémora toutes les épreuves qu'il avait traversées depuis la mort de son père. Quitter Ajar, quitter Dakar. La galère en mer, les galères sur terre. Et puis enfin cela lui tendait les bras, là, c'était maintenant ou jamais, plus d'angoisses et de doutes avec cette régularisation, la paix. On leur devait bien ça, se disait-il. On était allé chercher leurs parents jusqu'en Afrique pour qu'ils combattent les Allemands et les Vietnamiens, des peuples qu'ils ne connaissaient même pas avant de les affronter. Et ils y étaient allés, sans broncher, un peu forcés sans doute, alors la France pouvait bien prendre soin de leurs enfants. Ses amis pouvaient lui servir le laïus du retour au pays inévitable, rien à ce moment ne le ferait plus dévier de la décision qu'il avait prise. Néanmoins, il reconnaissait que cela impliquait beaucoup. Ce n'était pas qu'une carte de séjour, un passeport pour une vie plus facile, il ne pouvait le nier. Son ami avait raison d'une certaine façon, cela rallongerait sa présence en France parce que tout serait plus facile, et aurait forcément un impact sur sa vie et celle de sa famille.

Laisser un peu de soi. Se créer un nouveau soi. Mais à quel prix ? Il prit son portefeuille et en sortit son titre de séjour factice. Grâce à ce document, il avait pu trouver un emploi, louer un logement, faire venir sa famille. C'était déjà plus que tout ce qu'il avait pu imaginer. Mais… Il regarda une dernière fois le document d'identité qui l'avait accompagné pendant ces sept années et, sans aucun regret, le déchira.

# 21

Quelques semaines plus tard, il se rendit à la préfecture. Des policiers en faction se tenaient à l'entrée, mais il entra sans crainte, le temps de la clandestinité était en passe d'être révolu. Il arriva dans un petit hall : une quarantaine de personnes attendaient en file indienne, devant un guichet. Contrairement à la fois où il s'était rendu à la mairie du 16e arrondissement pour la session de recrutement des éboueurs, il n'y trouva pas seulement des immigrés. Il y avait des personnes de toutes origines et de classes sociales différentes. D'ailleurs, c'était sûrement la première fois qu'il se retrouvait avec ce qu'il imaginait être des « Français de souche », dans un bâtiment officiel, dans l'attente de documents similaires. Ce jour-là, il eut l'impression qu'ils étaient tous sur un pied d'égalité. Certains venaient sans doute renouveler une carte nationale d'identité ou demander un passeport en vue d'un prochain voyage ; d'autres, moins nombreux, semblaient comme mon père venir régulariser leur situation. Il n'était donc pas le seul, cela eut l'avantage de le rassurer et de le conforter dans l'idée que c'était la bonne chose à faire, malgré ce que continuaient d'en dire certains de ses proches.

Quand ce fut son tour, il expliqua à l'agent administratif assis derrière le comptoir l'objet de sa venue. Celui-ci le dirigea vers un bureau situé à l'étage, où un autre agent le reçut, lui remit un formulaire d'état civil et lui demanda de le remplir sur place. Après une bonne quinzaine de minutes et autant de regards impatients de l'agent, qui se demandait comment un formulaire pouvait prendre autant de temps à être dûment rempli, mon père lui remit le document que l'homme s'empressa de vérifier avec lui :

« Très bien, alors vous êtes M. Dramé Yely, c'est ça ?

— Oui.

— Résidant dans le 19e arrondissement de Paris ?

— Oui, monsieur. Avant, j'étais à Trappes et avant ça… »

Le fonctionnaire le coupa : « Ce n'est pas nécessaire de me donner ces informations, j'ai juste besoin de votre adresse actuelle. Ensuite, vous êtes né le… »

Il s'arrêta un instant, les sourcils froncés. Mon père pensa naïvement qu'il ne parvenait pas à lire son écriture. Pourtant, il s'était appliqué. Mais non, l'agent lut à haute voix ce qui était écrit, comme si, en l'entendant, il pourrait en saisir le sens.

« Vous êtes né le 9 Dhou al-hijja 1949 ? dit-il en articulant distinctement chacune des syllabes.

— Non, on ne dit pas comme ça. Il faut prononcer…

— Monsieur, ce n'est pas la prononciation, le problème. Le problème, c'est que ce mois… (Il jeta un œil sur le formulaire pour éviter de se tromper.) Dhou al-hijja… n'existe pas. Du moins pas dans le calendrier grégorien. »

Grégorien. Mon père avait beau chercher dans les souvenirs lointains de ses cours du soir, ou encore dans les conversations qu'il avait avec ses collègues, il ne trouvait pas trace du mot « grégorien » dans tout le vocabulaire qu'il avait amassé depuis sa venue en France. Il n'avait jamais appris, ni même rencontré cet adjectif. Cependant, ne voulant pas risquer d'échouer à ce qu'il considérait comme une épreuve plus qu'un banal entretien, il utilisa l'expression dont il usait chaque fois qu'il n'avait pas compris quelque chose mais qu'il ne voulait pas se montrer inculte face à son interlocuteur, cette expression qui poussait l'autre à reformuler son propos sans qu'il ait l'impression de devoir l'expliquer :

« C'est-à-dire ?

— C'est-à-dire qu'en *France* (l'homme insista sur ce dernier mot) les mois de naissance, c'est janvier, février, mars, avril, etc. Alors vous, vous êtes né quel mois ?

— Le mois de Dhou…

— Quel mois français, monsieur ?

— Monsieur, ça, je ne sais pas.

— Très bien, vous préférez le 31 décembre ou le 1er janvier ?

— Pourquoi ?

— Pour votre date de naissance, ajouta-t-il, agacé. Vous préférez qu'on inscrive le 31 décembre ou le 1er janvier sur votre futur document d'identité ? »

L'agent semblait déjà avoir été confronté à cette situation.

Mon père réfléchit longuement en se demandant s'il y avait un avantage à choisir l'un ou l'autre. Il essaya de chercher quelque signe qui l'aiderait, en vain. Le fonctionnaire s'impatientait, il fallait qu'il donne une réponse immédiatement.

« Je ne sais pas, monsieur, choisissez.

— Très bien, à partir d'aujourd'hui, vous êtes né le 1er janvier 1949. »

Il parcourut la suite du formulaire, ponctuant ses interrogations par des mimiques furtives, ce qui eut le don d'inquiéter mon père.

« Votre niveau d'études ?

— Je n'ai fait que l'école coranique.

— Pendant combien de temps ? Vous avez eu un diplôme ?

— On ne nous donnait pas de diplôme.

— Vous étiez bon ?

— Oui, je connais tout le Coran.

— Alors on va dire que c'est l'équivalent d'une licence en droit. Ça vous va ? »

Mon père acquiesça, sans avoir la moindre idée de ce que cela signifiait. Il fallait rendre un formulaire complet, peu importait que les réponses soient conformes à la réalité ou pas. Lui trouvait que cela sonnait bien, c'était la seule chose dont il pouvait juger.

« Quand êtes-vous arrivé sur le territoire français ? »

Devant l'absence de réponse de mon père, l'agent dut déceler une certaine anxiété de sa part et, voulant anticiper le mensonge qu'il semblait préparer, ajouta en souriant :

« Ne vous inquiétez pas, il n'y a pas de mauvaise réponse.

— Le 15 novembre 1975.

— Eh bien, ça au moins, ça a le mérite d'être précis. »

Après que le fonctionnaire eut fini de tout vérifier, mon père relut une dernière fois le formulaire, bougeant les lèvres en le parcourant pour montrer qu'il le lisait vraiment, feignant de vérifier que tout était clair, puis le signa.

Il quitta ensuite la préfecture en se disant que finalement ce rendez-vous ne s'était pas si mal passé.

# 22

« C'était si simple que ça ? demandai-je à mon père.

— Mais qu'est-ce que tu crois ? Non, ce n'était pas si simple que ça, j'ai galéré huit ans avant d'être tranquille. »

Il avait suffi d'un rendez-vous à la préfecture pour être définitivement serein. On ne lui avait pas seulement délivré un document d'identité, on lui donnait aussi la permission de se promener au vu et au su de tous, d'aller et de venir à sa guise, de voyager comme bon lui semblait, de se sentir l'égal de ceux dont il nettoyait les rues et les bureaux tous les jours.

« Et au bout de combien de temps on t'a donné la nationalité française ?

— Au bout de quelques années. Mais on ne me l'a pas donnée, j'ai été réintégré à la nationalité française. Parce que la Mauritanie appartenait à la France quand je suis né. C'est l'article 152 du code de la nationalité française. »

Devant mes yeux ébahis face à sa connaissance précise des lois, il ajouta, le sourire aux lèvres :

« Je ne suis peut-être pas allé à l'école, mais je sais des choses.

— En réalité, si les immigrés d'aujourd'hui galèrent, c'est parce qu'ils n'ont pas eu la chance d'être nés la bonne année ou d'être arrivés à cette époque bénie ?

— Non, c'est parce qu'ils n'ont pas eu la chance d'avoir Tonton. »

Après le récit de cet épisode, plusieurs souvenirs surgirent en moi, tous liés d'une manière ou d'une autre, comme un fil tissé, à l'environnement politisé qui régnait chez nous.

Le premier me renvoyait quinze ans plus tôt. Dès ce jour de 1984, où mon père avait appris l'instauration de la carte de résident valable dix ans pour les sans-papiers pouvant justifier d'un logement et d'un emploi, il s'était juré de rester fidèle à François Mitterrand, et par extension à son parti politique. Depuis l'obtention de sa nationalité française, en 1993, il avait voté socialiste à chaque élection, par principe, sans même regarder les candidats ni les programmes. Lors de la présidentielle de 2002, ses aînés votaient pour la première fois. La veille du premier tour, il leur donna alors ses consignes de vote, auxquelles il ne fallait pas déroger :

« Bon, demain, vous savez, ce sont les élections. On va tous voter socialiste. »

Eux, visiblement, n'étaient pas de son avis. Haby, l'aînée, lança la première les hostilités :

« Non, moi, je vote pour Christiane Taubira. Elle est de gauche, c'est une femme, et en plus elle est noire. »

Abdoulaye surenchérit :

« Moi, je vote pour Noël Mamère. Il propose beaucoup de choses pour les jeunes des quartiers et il est de gauche aussi. »

Mon père tomba des nues. Il n'avait jamais parlé politique avec ses enfants et pensait qu'ils partageaient naturellement ses opinions. C'était pour lui quelque chose qui relevait de l'évidence. Dans un premier temps, il essaya de leur expliquer les raisons qui le poussaient à voter pour son candidat plutôt que pour les leurs, mais, devant l'indifférence de ses enfants, il défendit sa position en tentant de les culpabiliser :

« Vous êtes vraiment des enfants ingrats. À l'école, on ne vous a pas appris tout ce que Mitterrand a fait pour les sans-papiers, ou vous avez oublié ? Vous ne savez pas qu'il nous a tous régularisés comme ça, pour rien ? Et maintenant vous le reniez ? »

Puis, d'un ton péremptoire, il ajouta :

« Taubira et Mamère, ce n'est pas mon affaire. Demain, tous ceux qui vivent dans cette maison voteront PS. »

Le jour suivant, habillé d'un grand boubou de sa garde-robe usuelle, il se rendit avec sa femme et ses enfants dans leur ancienne école maternelle où le préau avait été transformé en bureau de vote. On voyait au loin l'urne transparente dans laquelle avaient déjà été glissées bon nombre d'enveloppes, ainsi que deux isoloirs de fortune aux rideaux bleu ciel. À l'entrée, trois tables avaient été alignées, sur lesquelles les bulletins des seize candidats avaient été disposés en piles identiques. Ma mère prit les siens et, se tournant vers mon père, elle lui demanda dans leur langue maternelle quel candidat il soutenait. Alors qu'il lui montrait du doigt le bulletin socialiste, l'assesseuse assise face à lui se leva d'un bond et, s'adressant à ma mère, lui dit :

« Non, mais, madame, je me permets, vous votez pour qui vous voulez. On est en France, ici. Vous avez des droits. Les femmes se sont battues pour ça. Votre mari n'a pas à décider pour vous, et vous n'avez pas à lui obéir ! »

Elle avait débité ses phrases, qui relevaient plus d'un discours militant que de celui d'un responsable de bureau de vote, en prenant le soin d'articuler chacun des mots qu'elle prononçait, comme si elle parlait à une illettrée. Elle n'avait pas jeté un seul regard à mon père, qu'elle prenait à cet instant précis pour un despote. Ma mère lui répondit alors, dans un français correct qui sembla désarmer son interlocutrice :

« Non, mais ça n'a rien à voir. C'est juste que je ne m'intéresse pas du tout à la politique. Du coup, l'un ou l'autre, pour moi, c'est pareil. »

La femme se rassit, semblant presque déçue de la réponse, comme si les propos de ma mère l'avaient empêchée de sauver une pauvre petite immigrée du joug de son époux autoritaire, ce qui aurait sans doute constitué une anecdote savoureuse à raconter à l'apéro du soir. Après qu'ils eurent tous voté, ils se retrouvèrent à la sortie de l'école. Et tandis que mon père interrogeait ses enfants pour s'assurer qu'ils avaient fait le bon choix, une de mes sœurs lui remit le bulletin « Lionel Jospin » qu'elle n'avait pas glissé dans l'urne et lui dit avec un grand sourire : « La dame a dit qu'on votait pour qui on voulait. »

Le deuxième souvenir était beaucoup plus lointain. J'avais neuf ans ce jour de janvier 1996 où, pour une raison qui m'échappe mais dont j'imagine qu'elle était médicale, je n'étais pas allée à l'école. Allongée dans mon lit, je fus réveillée par le son de la télévision. Je me rendis dans le salon et trouvai mon père concentré devant le poste. Au bruit de mes pas, il leva les yeux vers moi et me dit :

« Tonton est mort.

— Lequel ? »

Je restai figée sur le seuil de la pièce en attendant sa réponse. Lui n'avait pas de frère, mais je ne savais pas s'il parlait d'un oncle maternel ou s'il évoquait un de ses amis, que nos traditions nous faisaient considérer comme des membres à part entière de notre famille. J'insistai :

« Quel tonton ?

— Mitterrand. »

À cet instant, je ne savais rien de cet homme, si ce n'est qu'il avait été président de la République, et, par conséquent, je ne comprenais pas la tristesse de mon père. Pendant plusieurs jours, après ses journées de travail, je le vis regarder religieusement à la télévision tout ce qui touchait de près ou de loin à celui pour lequel il avait gardé avec le temps une affection indéfectible. Il commençait par regarder le journal de TF1, puis basculait sur celui de France 2. À la fin, il mettait LCI et regardait en boucle les différents sujets consacrés au nouvellement défunt, visionnant les mêmes sujets, assimilant les mêmes informations. Quelques jours après le décès, curieusement, il rentra du marché avec un grand livre sous le bras. Ce n'était pas tant le fait que mon père ait acheté un livre qui me surprenait, il en achetait souvent, mais il s'agissait systématiquement d'ouvrages d'exégèse coranique ou de livres traitant de la religion. Là, c'était surtout la nature du livre qui m'intrigua : une biographie de François Mitterrand, avec des photos de l'ancien chef d'État, qui valait cent vingt francs, une somme importante pour lui à l'époque. Il retira avec délicatesse le blister qui la recouvrait, l'ouvrit, la feuilleta brièvement, puis, au bout de quelques minutes, la rangea dans sa bibliothèque. Il savait probablement en l'achetant qu'il ne la lirait jamais, mais c'était une manière pour lui de participer à l'hommage national. En achetant cet ouvrage, il avait l'impression d'avoir fait sa part.

Le troisième souvenir était plus récent. Un soir où nous nous retrouvions en famille devant le journal télévisé, un sujet sur l'expulsion d'étrangers en situation irrégulière retint toute l'attention de mon père. Au bout de quelques instants, s'adressant plus à lui-même qu'à nous qui l'entourions, il proclama :

« Les pauvres. Dieu merci, moi, on ne m'a jamais attrapé. »

Ma petite sœur N'Deye-Sira, âgée d'une dizaine d'années, se tourna alors vers lui et, les yeux écarquillés, lui demanda :

« Mais, papa, t'es un clandestin, toi ? »

À cet instant précis, elle ne semblait pas attendre d'autre réponse à sa question qu'un « non » franc et massif, persuadée que mon père lui dirait qu'elle avait mal compris. Elle voyait régulièrement à la télévision ces hommes qui lui ressemblaient beaucoup par leurs origines, mais dont les situations étaient tellement différentes des nôtres, ceux qu'on appelait familièrement les sans-papiers, qui arrivaient de manière illégale dans le pays et se cachaient des forces de l'ordre, qui pour certains finissaient par être arrêtés par la police et embarqués *manu militari* dans des avions, pour être rapatriés dans leur pays d'origine qu'ils avaient fui et qu'ils ne rejoindraient pour rien au monde. Et puis elle voyait notre père, qu'elle avait toujours connu très à son aise dans ce pays, parce qu'à sa naissance il y vivait déjà depuis plus de vingt-cinq ans, allongé au milieu du salon sur son transat de jardin, entouré de sa femme et de ses enfants. Elle observait un des hommes sur l'écran, et pendant un long moment se demanda comment il était possible que celui-ci ait pu être celui-là.

« Bien sûr. Tu n'étais pas au courant ? », répliqua-t-il.

On sentait une certaine revendication dans sa manière de lui répondre. Oui, il avait été un clandestin. Oui, il avait été un sans-papiers, et il en était même fier. Pourtant, cette désignation de « sans-papiers » était devenue, dans mon enfance, un terme de moquerie empreint de mépris, souvent prononcée par des enfants d'immigrés, d'ailleurs. Quand on voulait discréditer une personne ou se moquer de quelqu'un qui parlait avec un fort accent ou avait un style vestimentaire qu'on jugeait démodé, on disait que c'était un « sans-papiers » ou un « blédard », de manière équivalente, même s'il y avait une nuance entre les deux, oubliant qu'on était nous-mêmes issus de ces hommes-là. Un jour, parce qu'ils avaient quitté leur patrie pour devenir des « sans-papiers » dans une autre, nous avions échappé à ce statut. Alors, naturellement, mon père s'appropriait cette injure et la revendiquait, comme jadis d'autres avaient revendiqué leur négritude.

Cela me ramena à un dernier souvenir politique, de ceux qui commencent mal mais qui finissent par s'arranger, de ceux qu'on se remémore lors des réunions de famille, mais qui, avec le temps, s'étiolent. Je savais que l'émigration de ma grand-mère avait été plus difficile que celle de mon père, et qu'un événement dramatique l'avait entachée. Mais il ne me restait que quelques flashs de cet épisode, et je dus demander de l'aide à mes sœurs pour en reconstituer le récit.

« Tu te souviens, quand on était plus jeunes, la grand-mère a été arrêtée par la police, non ? demandai-je à ma grande sœur Hadja.

— Oui, je crois qu'elle séjournait en France alors que sa carte de séjour était périmée.

— Et alors, qu'est-ce qui s'est passé ? »

Comme moi, elle ne se souvenait pas. Je me tournai alors vers ma cousine Aminata, qui était plus âgée et qui vivait chez nous à cette époque-là. Ses souvenirs étaient beaucoup plus clairs que les nôtres. Elle se rappelait très bien le jour où on était venu chercher notre grand-mère. Son visa étant périmé, elle s'était faite discrète pour éviter d'être arrêtée et renvoyée au Sénégal, allant vivre chez un membre éloigné de notre famille. Mais au bout de deux mois elle avait baissé la garde et était revenue à Belleville. Les premiers jours, elle se cachait dans la salle de bains dès qu'elle entendait sonner à la porte. Puis, peu à peu, elle avait fini par penser que la police ne viendrait jamais la chercher. C'était une femme d'un âge déjà certain, dont les autorités n'avaient pas lieu de se méfier. Toutefois, un matin, elle se retrouva face à ce que nous avions tous redouté. Après avoir été contrôlée, elle fut expulsée sans ménagement. Mon père était rentré de l'aéroport le visage défait. Alors qu'il pensait avoir traversé toutes les épreuves, la plus difficile s'était présentée à lui sans crier gare. Malgré tout ce qu'il avait surmonté depuis son arrivée, il n'avait pas su protéger sa mère. Alors, entouré de sa famille abasourdie, il se mit à pleurer toutes les larmes de son corps, comme un enfant à qui on viendrait, sans ménagement, d'arracher sa mère.

# 23

« Ils n'avaient vraiment que ça à faire, les policiers français ? Aller chercher une vieille dame pour l'expulser ?

— Ma parole ! (Une des expressions favorites de mon père.) Mais j'ai pu la faire revenir quelques années plus tard, grâce au regroupement familial. »

Après les digressions provoquées par mes souvenirs, je retrouvai le fil de l'histoire paternelle.

« On est en 1984, et ensuite ? »

Rien ne marqua les années suivantes, si ce n'étaient les accouchements réguliers de ma mère. En 1985, elle mit au monde ma sœur Mariam et, deux ans plus tard, j'arrivai à mon tour. Mes parents vivaient alors avec leurs six enfants et ma grand-mère paternelle.

À la même époque, après plusieurs allers-retours entre la France et la Mauritanie, Fanta, la petite sœur de mon père dont je tenais mon prénom, s'installa définitivement en France avec son mari. Mais, le 30 mai 1988, ce dernier mourut brutalement, la laissant veuve avec ses enfants. Sa mère n'était pas rassurée à l'idée qu'elle vive seule, et elle ne pouvait de toute façon pas assumer son loyer et sa famille avec son salaire de caissière de supermarché. Elle emménagea donc chez nous avec sa fille, Aminata, et ses deux fils, Brahim et Yves. Mon cousin était le seul de notre génération à être né en Mauritanie et non en France, mais surtout le seul d'entre nous à porter un prénom français.

Toujours dans le respect de la tradition qui voulait que chacun de nos prénoms trouve une résonance chez une personne de notre entourage, quelle qu'elle soit, il avait hérité du sien en hommage à un ami de sa mère qui l'avait accompagnée à la maternité de Nouakchott, le jour de son accouchement. En plein cœur du quartier de Belleville, dans le 19e arrondissement de Paris, mon père reproduisit de nouveau le schéma de la maison paternelle africaine. En chef de clan, il vivait ainsi avec sa famille au sens large du terme. Il assumait tout, aussi bien l'entretien que l'éducation des enfants, aidé pour cette part par les femmes de la maison.

Ma mère était encore mère au foyer à cette époque. Elle passait donc la majeure partie de ses journées à s'occuper de l'appartement et de ceux qui y vivaient, comme elle le faisait depuis son arrivée en France, et n'accordait que très peu de temps à sa personne. Les seuls moments où elle pouvait se retrouver seule, c'était quand elle allait faire les courses. Avant de sortir, elle baissait au maximum le son de la télévision devant laquelle nous étions tous concentrés et, regardant fixement les garçons dans les yeux, disait :

« Je sors rapidement. Comme d'habitude, profitez-en pour faire sauter la maison. »

Alors mes frères et mes cousins lui répondaient avec des yeux de vierges effarouchées :

« Non, non, ne t'inquiète pas, on sera sages. »

Mais, quand elle rentrait, sans surprise, elle retrouvait sens dessus dessous l'intérieur qu'elle avait passé la matinée à astiquer. Alors elle posait ses sacs de courses, s'asseyait dans la cuisine et se mettait à chanter. Au début, elle chantait la fatigue et les problèmes que lui causaient les enfants, répétant certaines phrases comme un refrain, puis elle embrayait sur des problèmes plus généraux, la vie en France qui lui était parfois difficile, ou l'absence de ses sœurs qui lui pesait. À la moindre contrariété, elle lançait la première note, et on s'écriait alors ironiquement : « Allez, c'est parti pour la comédie musicale. » Nous tendions l'oreille, craignant au début d'entendre notre nom dans sa complainte, ce qui signifierait que nous en étions responsables, puis rapidement nous nous oubliions dans sa voix majestueuse, et là seulement elle parvenait à capter toute notre attention. Irrémédiablement, l'un de nous rompait le silence de l'assistance et, oubliant que ce chant était l'expression d'un ras-le-bol, lançait en regardant les autres :

« Elle chante vraiment bien, quand même. »

Il lui arrive encore de chanter ses soucis aujourd'hui, mais ils ont évolué avec le temps. À présent, elle psalmodie ses regrets concernant certains choix de ses filles ou le fait de ne pas voir assez souvent ses fils.

Après quelques années, elle en eut marre de passer toutes ses journées à la maison à être la parfaite mère au foyer. Elle se mit alors en tête de trouver un travail. Elle n'avait pas de qualification particulière, mais savait lire et écrire, ce qui lui permit d'échapper au classique « femme de ménage dans les bureaux », sorte de passage obligé pour toutes les immigrées. Elle postula à un poste de caissière chez Monoprix et, à sa plus grande surprise, fut engagée pour une période d'essai d'un mois. Elle ne s'y attendait tellement pas qu'elle ne s'était jamais donné la peine d'en parler à son mari.

« Jamais de la vie. »

Sa réponse ne se fit pas attendre. Pour mon père, c'était impensable. Il n'était pas venu en France pour faire travailler sa femme, c'était à lui seul de subvenir aux besoins de sa famille, c'était son rôle, ce qu'on attendait de lui. Un jour où il avait accompagné ma mère faire les courses, une scène l'avait stupéfié. Alors que le couple qui les précédait à la caisse s'apprêtait à régler ses achats, l'homme avait demandé à l'hôtesse de caisse de diviser le montant par deux, pour que sa femme puisse payer sa part. Cette scène banale de la vie quotidienne était totalement à l'opposé de la vision que mon père avait du couple et de la famille. Pendant des jours, il avait raconté cette anecdote à ses amis, jetant l'opprobre sur cet homme qui avait eu le culot de demander à sa femme de participer aux frais de la maison. Alors accepter que ma mère travaille, c'était commencer à céder à un mode de vie auquel il se refusait.

« Je te donne de l'argent chaque mois pour tes dépenses personnelles, qu'est-ce que tu veux de plus ? lui demanda-t-il.

— Ce n'est pas une question d'argent, c'est pour m'occuper.

— Ton père laissait ta mère travailler ?

— Elle n'en avait pas envie.

— Et la maison ? Les enfants ? Qui va s'en occuper ?

— Ta mère. Elle ne sort jamais de l'appartement.

— Jamais de la vie. »

Ma mère n'eut cure des propos péremptoires de mon père. Elle acheta quelques tenues occidentales, même si son travail lui fournissait un uniforme, prévint ma grand-mère qu'elle s'absenterait et que les enfants seraient à sa charge, agit comme si sa décision était actée et non négociable. Face à la détermination de sa femme, mon père finit par céder, ne manquant pas de lui rappeler régulièrement tout le mal qu'il pensait de son choix :

« Une femme qui préfère travailler alors qu'elle a des enfants, encore petits, à la maison… Si j'avais su, je serais resté dans mon pays. Bientôt, tu vas vouloir payer mon loyer et devenir le chef de famille… »

Cela ne l'atteignait pas vraiment. Au bout de la période d'essai, elle fut embauchée. Elle s'épanouit très vite dans cette nouvelle activité, rencontrant des gens différents chaque jour, se créant un cercle d'amis avec des collègues qui avaient en commun une partie de son histoire. Elle n'en délaissait pas pour autant son rôle de mère et d'épouse, qu'elle reprenait dès qu'elle rentrait à la maison. Même mon père, si réticent au début, dut admettre que ce travail n'était pas une si mauvaise idée.

# 24

Ma tante Fanta, elle, n'avait pas attendu l'assentiment ou la bénédiction de son frère pour prendre son indépendance, elle l'avait saisie au vol. Pendant le séjour de mon père à la *madrassa*, elle s'était mariée et, quand il était rentré à Ajar, elle vivait déjà dans le village de son mari. La fratrie n'avait donc jamais vécu ensemble depuis l'enfance. Pendant leurs quelques années de vie commune, mon père en tant qu'aîné de la famille avait toujours adopté une position autoritaire face à elle. Quand elle emménagea sous son toit, il pensait alors retrouver cette relation de grand frère à petite sœur, mais la situation avait bien changé, ils étaient adultes à présent. Ma tante avait été mariée et était mère de famille, il était hors de question qu'elle retourne sous son joug. Leur relation fut explosive, à l'image de leur tempérament. La tradition voulant que les plus jeunes de la famille portent un respect indéfectible aux aînés, *a fortiori* s'il s'agissait d'un garçon, il fallut du temps à mon père pour accepter que celle avec qui il vivait n'était plus seulement sa petite sœur, mais aussi une femme accomplie. En attendant, ils se disputaient souvent mais se réconciliaient très vite, leur fraternité restant au-dessus de tout. Et les reins de ma tante commençaient à la faire souffrir.

« Pourquoi est-ce qu'elle est partie, *baille* – tante – Fanta ? demandai-je à mon père.

— On s'est disputés.

— À quel sujet ?

— Je ne sais plus, on se disputait tout le temps, tu connais nos caractères. Peut-être qu'elle voulait partir et qu'elle a profité de la dispute de trop. »

La dispute de trop. Je me demande encore aujourd'hui si mon souvenir est associé au bon épisode, mais c'est le dernier que je garde de notre vie commune. Je revois ma tante sortant de l'immeuble dans lequel nous vivions, avec un gros sac dans lequel j'imaginais qu'elle avait mis tout ce qu'elle avait d'important. Elle nous quitta pour s'installer avec ses enfants dans un appartement du 19e arrondissement de Paris, près de Porte de la Villette. Elle travaillait encore en tant que caissière à ce moment-là, mais elle dut s'arrêter pour des raisons médicales. Pendant dix longues années, un mal la rongea dont on ne sut que très tard de quoi il retournait.

Elle commença par perdre du poids, beaucoup de poids. Elle refusa d'aller chez le médecin à cause d'une légende urbaine stupide qui disait qu'à l'hôpital on volait les organes des immigrés, que c'était arrivé au fils du cousin d'un voisin ou à une autre personne de ce genre. Alors elle se fiait à une médecine parallèle constituée de poudres de je-ne-sais-trop-quoi, emballées précieusement dans des petits sachets en plastique, qu'elle faisait venir de Mauritanie ou du Mali, et qu'elle buvait plusieurs fois par jour en infusion. Mais malgré toute la confiance qu'elle avait dans cet ersatz de médication, son état ne s'améliora pas. Bien au contraire. Aussi, régulièrement, ma grand-mère faisait des séjours chez elle et accomplissait son devoir de mère en s'occupant de sa fille malade. On avait fini par s'habituer à sa maladie. Avec le temps, elle ne pouvait plus se déplacer seule et passait tout son temps assise sur un fauteuil roulant. De temps en temps, on lui rappelait qu'il fallait vraiment qu'elle aille voir un médecin, surtout lorsqu'elle traversait une période difficile, mais l'entreprise était vaine tant sa méfiance envers le corps médical lui était vissée au corps. Même sous la contrainte, elle n'irait pas.

En juillet 2004, elle se rendit dans la capitale mauritanienne pour le mariage d'un de ses fils. La famille, qui ne l'avait pas vue depuis de nombreuses années, s'alarma de son état qu'elle jugeait plus qu'inquiétant. Nous qui la voyions tous les jours, nous ne nous rendions plus compte que la maladie s'aggravait véritablement. Elle participa aux célébrations de l'union et resta à Nouakchott quelques semaines, puis rentra à Paris. Je lui rendis visite à son retour avec ma grande sœur Hadja et la trouvai comme de coutume, assise sur son fauteuil roulant au milieu du salon. Elle regardait la vidéo du mariage de son fils, illustrant les images d'anecdotes dont elle nous gratifiait, en profitant pour se moquer de mon père. Ma grand-mère aussi était là. Ma sœur et moi finîmes par prendre congé, pressées par une séance de cinéma qui nous attendait. Et comme chaque fois que nous la quittions, elle nous dit :

« Vous partez déjà ? »

On lui répondit que nous étions attendues, mais que nous essaierions de repasser la semaine prochaine, sans aucun doute. Ce que nous n'avions finalement pas fait. Deux semaines plus tard, un samedi matin, elle mourut. Elle s'était réveillée avec des convulsions et, n'ayant plus la force de résister, s'était laissé emmener à l'hôpital. On lui diagnostiqua un grave dysfonctionnement des reins ; elle succomba en quelques heures seulement.

Ce fut sans aucun doute le premier drame familial que je vécus. Il y avait déjà eu des décès dans la famille, bien sûr, ma mère avait notamment perdu son père, mais je ne l'avais jamais connu, et j'étais beaucoup trop jeune pour évaluer la force d'un décès, le bouleversement qu'il pouvait provoquer. Avec ma tante, je perdais une personne qui faisait partie intégrante de ma vie quotidienne, parce qu'elle était la sœur de mon père, parce qu'on avait vécu pendant plusieurs années sous le même toit, parce que je portais son prénom. Plus jeune, je passais souvent mes week-ends chez elle, ne repartant jamais sans une pièce de dix francs qu'elle me glissait discrètement dans la main.

Un jour, je devais être en primaire, alors que j'étais en voyage scolaire et que le manque de ma famille se faisait de plus en plus ressentir, je l'avais appelée d'une cabine téléphonique, située dans la cour du centre de loisirs, avec les dernières unités qu'il me restait. Je ne devais plus avoir qu'une ou deux minutes de communication, alors elle me demanda le numéro de téléphone de la cabine pour qu'elle puisse me rappeler. Avant que je lui communique les deux derniers numéros, la communication s'était interrompue. J'avais reposé le combiné en essayant, tant bien que mal, de dissimuler mes larmes à mes camarades de classe qui avaient pu joindre plus longuement leur famille. Et puis, après une vingtaine de minutes, le téléphone s'était mis à sonner. Quand je décrochai, ma tante était au bout du fil. Elle avait essayé toutes les combinaisons possibles pour me joindre et me rassurer.

Avec le temps, elle s'était rendu compte que je lui rendais de moins en moins visite. Elle me l'avait alors discrètement signifié, au détour d'une conversation, sur le ton de la plaisanterie :

« Depuis que tes tantes maternelles sont en France, tu ne viens plus me voir. »

J'en avais eu honte.

Le jour de sa mort, pour la première fois de ma vie, je vis ma grand-mère pleurer. Il ne s'agissait pas de quelques larmes coulant sur son visage et qui auraient parfaitement suivi le chemin dessiné par ses rides. Non, c'étaient des pleurs violents, sauvages, de ceux qui vous prennent aux tripes et dont on ne voudrait jamais ni être responsable ni être victime. Pendant des jours, je fus dans l'incapacité totale de parler ou même de regarder dans les yeux les enfants de ma tante. Notre cohabitation à Belleville pendant notre enfance avait transformé notre cousinade en fratrie. Mais leur douleur au lieu de nous unir m'intimidait, et je ne me sentais pas capable de les consoler, moi qui avais encore mon père et ma mère, alors qu'eux étaient devenus orphelins.

Mon père aussi pleura, énormément. Il n'avait jamais eu de frère, à présent il ne lui restait plus qu'une sœur.

# 25

Plus j'avançais dans l'histoire de mon père, plus les souvenirs qu'il évoquait me ramenaient aux miens et semblaient à présent liés par un fil invisible. J'arrivais enfin à des tranches de sa vie dont nous partagions des épisodes. Je n'en étais plus seulement une auditrice, j'en avais été spectatrice, parfois même actrice. Je pouvais à présent écouter son récit à l'épreuve de ce dont je me souvenais.

Plus jeune, quand on me posait la question, j'avais tendance à répondre naïvement que mon père n'avait pas fait d'études, et qu'il avait appris les bases de la lecture et de l'écriture à son arrivée en France. Cela expliquait pourquoi, durant l'année scolaire, les aînés rédigeaient les mots destinés aux enseignants dans nos carnets de correspondance, ou que nous remplissions nous-mêmes les documents administratifs de nos parents, responsabilité qu'il nous a été donné d'endosser tôt. Mais, en grandissant, quand je cessai de le voir à travers le prisme de l'instruction française, je m'aperçus qu'en réalité mon père était un homme instruit, qui avait fait de brillantes études dans son domaine. Certes, il était incapable de repérer un complément d'objet direct dans une phrase, chose que chaque élève passé par le système scolaire français, même en difficulté, était généralement capable de faire. Il suffisait de prononcer l'acronyme « COD » dans une salle de classe pour que tous les élèves répondent en chœur « complément d'objet direct ». Il en était de même pour le « COS », même si la dernière lettre laissait parfois percevoir quelques hésitations. Il était aussi incapable de définir l'anaphore ou l'oxymore, et ne savait rien de Victor Hugo ou d'Émile Zola, mais l'instruction ne se résumait pas uniquement à cela. Il n'y avait pas qu'en français qu'on pouvait être lettré. Lui était un érudit de l'islam, érudition qu'il n'avait jamais cessé de cultiver avec le temps.

Petite, j'étais très impressionnée par l'énorme bibliothèque qui trônait dans une des pièces de notre appartement. Elle était constituée d'une centaine d'ouvrages dont les titres étaient inscrits pour la plupart en lettres d'or, mais auxquels je n'avais pas accès. Alors que j'avais dès mon plus jeune âge développé une appétence pour les livres, ceux-là constituaient à mes yeux des ouvrages ésotériques, parce qu'ils étaient écrits en arabe, une langue et une graphie qui m'étaient étrangères. J'avais bien pris quelques cours quand j'étais enfant, mais je ne déchiffrais que peu de syllabes bien inutiles tant les livres de mon père me semblaient complexes. Souvent il mettait ses lunettes puis faisait glisser ses doigts sur le dos des livres, en tirait un dont le choix ne laissait aucune place au hasard, puis s'asseyait en tailleur sur son tapis de prière et le lisait attentivement. Ironie du sort, celui que j'avais à tort longtemps considéré comme un illettré m'avait sans doute transmis malgré lui la passion des livres.

Mais l'école qu'il avait connue était bien différente de celle que fréquentaient ses propres enfants. Au-delà du triptyque lire-écrire-compter, il n'avait pas vraiment d'idées précises sur ce qu'on nous apprenait et ne se posait pas la question. La seule chose qu'il craignait, c'était que nous ne soyons pas à la hauteur des « Français de souche » et que nous échouions. Il avait le sentiment, comme bon nombre d'immigrés, de ne pas avoir le droit à l'erreur, et que la légitimité de sa présence en France passait par la réussite de ses descendants. Plus que montrer, il fallait prouver qu'ils étaient à la hauteur.

Chaque parent a à cœur de voir réussir ses enfants, mais il est une spécificité chez les immigrés qui va au-delà de la fierté, spécificité que je saisissais de plus en plus avec le temps, et qui me fut confirmée par un épisode récent, ne concernant pas directement mon père, mais l'un de ses cousins. Comme lui, il était arrivé au milieu années 1970 et s'était définitivement installé en banlieue parisienne. Un jour, il m'appela pour m'annoncer qu'il était enfin à la retraite, après une carrière en tant que plongeur en cuisine, au sein d'une des plus grandes entreprises françaises, située dans une des tours du quartier de la Défense. Ses collègues lui avaient préparé un pot de départ et, à ma grande surprise, il comptait vivement sur ma présence. Je ne le voyais pas souvent et ne comprenais donc pas pourquoi il était si important que j'y assiste, mais, pendant plusieurs semaines, il m'appela régulièrement pour s'assurer que je ne lui ferais pas faux bond. Le jour J, il m'attendait à la sortie du métro vêtu d'un beau costume sombre. Il s'était même teint les cheveux en noir. Il me montra au loin la grande tour dans laquelle il travaillait, avec son énorme logo rouge rutilant qui la surplombait, puis m'expliqua avec l'excitation d'un enfant le jour de Noël que ses collègues avaient fait les choses en grand pour son dernier jour. Le pot aurait lieu au dernier étage du gratte-ciel, son chef avait préparé un discours, il essaierait d'en faire un aussi. Je lui rapportai les reproches de mon père, vexé de ne pas être invité :

« Non, je ne voulais pas l'inviter. Ni lui ni les autres cousins. Je ne veux pas de *blédards*, aujourd'hui.

— Mes frères et sœurs aussi sont jaloux.

— Tu leur diras que je n'ai choisi que ceux qui ont un grand métier. »

Je restai circonspecte face à cette réponse, mais je n'eus pas le temps de rebondir, d'autres membres de la famille nous avaient rejoints.

Après le discours élogieux de son chef, mon oncle prit la parole. Il s'excusa par avance de son français approximatif, rappelant un parcours similaire à celui de mon père. Il était heureux d'avoir travaillé toutes ces années dans cette grande entreprise française, et était fier de montrer son lieu de travail à ses enfants et à ses nièces, qui avaient fait le déplacement pour lui ce jour-là. Nous nous tenions alignés à ses côtés, amusés par ses efforts d'éloquence. Avant de passer au buffet, il insista pour nous présenter un à un :

« Elle, c'est ma fille, vous la connaissez déjà. Vous savez qu'elle est médecin dans un grand hôpital. »

Après quelques exclamations de ses collègues, impressionnés, il ajouta avec un ton qui se voulait modeste :

« Non, c'est rien, c'est normal. Nous, on n'a pas eu la chance d'étudier, alors la seule chose qu'on a demandée à nos enfants, c'est de bien travailler à l'école. Après ils pouvaient faire ce qu'ils voulaient, mais c'est vrai qu'on est quand même très fiers. »

Il s'avança ensuite vers moi et, après avoir marqué un temps pour capter l'attention de toute l'assistance, il dit :

« Elle, c'est la fille de mon cousin, mais c'est comme ma fille. On est comme ça, les Africains. Elle est professeure de français dans un grand lycée à Paris.

— Non, j'enseigne dans un collège à Pan…

— C'est la même chose », me coupa-t-il.

Il se dirigea ensuite vers une autre de mes cousines, expliquant qu'elle était infirmière, puis regretta l'absence de son fils : « Vous savez, comme il travaille à l'aéroport… (Il laissa passer quelques secondes pour savourer l'effet de cette phrase sur son auditoire.)… il n'a pas pu se libérer. Il a essayé, mais les aéroports, c'est une très grande organisation. C'était trop compliqué. »

Puis il s'avança vers un autre de ses enfants et poursuivit son discours. Pendant des jours, j'avais ri de cet épisode avec mon père, de la fierté de mon oncle à nous présenter à ses collègues. On avait l'impression qu'il avait travaillé toute sa vie exclusivement pour ce jour-là.

« C'est normal, il voulait montrer qu'il partait en étant leur égal.

— Leur égal ?

— Oui, leur égal. Nous, on était seulement plongeurs et éboueurs, mais nos enfants ont été à la hauteur des leurs. Ils ne sont plus mieux que nous, maintenant. »

Mon père aussi était empreint de cet orgueil. Quand il rencontrait des gens, il ne manquait jamais, au détour de la conversation, de dévoiler le *curriculum vitæ* scolaire de ses enfants. Il nous présentait par nos métiers ou par nos diplômes, plus que par nos prénoms. Haby était infirmière, il l'appelait « docteure ». Quand un de ses amis avait un courrier à écrire, il me disait : « Professeure, on a besoin de toi. »

Très tôt, il avait placé notre salut dans l'école et avait sacralisé l'institution. Avant chaque rentrée scolaire, c'était le même cérémonial. Il rangeait soigneusement notre Super Nintendo dans une pièce qu'il fermait à clef, puis se rendait dans un centre commercial pour acheter nos fournitures. Au fil des ans, le nombre de paires de ciseaux, de tubes de colle et de doubles décimètres augmentait inexorablement avec le nombre de ses enfants. Ousmane était né à la fin de l'année 1989, puis Dialla en 1992, et enfin Zaynaba au printemps 1997. Ensuite il passait dans différentes boutiques et nous achetait après moult négociations la paire de chaussures et les vêtements que nous réclamions, persuadé que c'était là sa part du travail, la seule chose qu'il était en capacité de nous donner.

« Je ne comprends pas, vous allez à l'école pour faire un défilé de mode ? Moi, j'y allais pieds…

— Oui, oui, on connaît la chanson. »

La veille de la rentrée était sans aucun doute le moment que nous attendions le plus. Il sortait le gros sac de fournitures et il distribuait à chacun de nous, assis en cercle autour de lui, de manière cérémoniale, notre nouvel agenda, notre nouveau stylo-plume, notre nouvelle gomme. Il prenait un soin particulier à mettre à notre disposition tout ce dont nous avions besoin, pour nous donner toutes les chances de réussir. Il se l'était juré à la naissance de son premier enfant : « Tout ce que les petits Français ont, mes enfants l'auront aussi. »

# 26

L'école ne se contentait pas de nous instruire. Elle nous transmettait aussi les bases de la culture française, dont mon père ne savait que très peu de choses, tant elle était différente de la sienne. Il avait fait le choix de nous élever dans sa culture d'origine. À la maison, il nous parlait dans sa langue maternelle, même si nous lui répondions en français, nous mangions plus souvent des ignames que des haricots, écoutions beaucoup plus Youssou N'Dour que Johnny Hallyday, apprenions les pas de danse du mbalax, musique sénégalaise, plutôt que ceux de la valse. À la télé, on captait les chaînes africaines grâce à l'immense parabole qui avait été fixée sur le balcon. C'est donc en entrant à l'école que nous saisîmes le concept de double culture qui allait nous amener à nous interroger toute notre vie. On a toujours tendance à parler des enfants d'émigrés en évoquant la difficulté de vivre entre deux cultures, celle du pays de leurs parents et celle du pays dans lequel ils naissent et grandissent. En réalité, c'est surtout plus difficile pour les parents qui doivent accepter de se soustraire, de sacrifier une partie d'eux-mêmes au profit d'un autre mode de vie, imposé inconsciemment par leur exil, avec la peur de se perdre, alors que leurs enfants, eux, sont riches de cette dualité et peuvent à loisir piocher dans ces deux mondes pour se construire le leur. Pas le cul entre deux chaises, le cul sur les deux chaises. Il arrivait qu'on soit confronté à cette dualité. Il suffisait d'un match de foot, d'un France-Sénégal en ouverture d'une Coupe du monde, pour qu'on nous interroge. Une année, mes frères et sœurs et moi-même avions fait le choix de supporter le pays d'origine de notre mère. On pouvait être pleinement français, tout en se souvenant d'où l'on venait.

« Pourquoi vous supportez le Sénégal ? me demanda un de mes oncles maternels.

— On est mauritaniens et sénégalais.

— Non, votre père est mauritanien, votre mère est sénégalaise, mais, vous, vous êtes français. C'est pas parce que vous allez flamber à Dakar une fois par an que vous pouvez considérer que vous êtes des Sénégalais. Toi, Fanta, tu n'y as même jamais mis les pieds. »

Mon père n'était pas armé pour élever ses enfants dans un pays étranger, et ne pouvait pas prendre exemple sur ses aînés, puisque c'était la première génération qui se trouvait dans cette situation. Alors il avançait à tâtons.

Le premier choc culturel qui nous opposa à lui fut sans aucun doute Noël. Lui avait passé la majeure partie de sa vie en Mauritanie, une république islamique, puis quelques mois au Sénégal où la communauté chrétienne était infime. Par conséquent, il n'avait qu'une vague idée de ce qu'était cette fête, idée forgée par ce qu'il voyait à la télévision ou dans les rayons des supermarchés, mais aussi par son travail. Chaque année, à la fin du mois de novembre, il rentrait avec un catalogue similaire à ceux qu'on trouvait dans les magasins de jouets, remis par son employeur, la Mairie de Paris, et destiné à ses enfants. À l'intérieur, il y avait un large choix de cadeaux classés par année de naissance et, à tour de rôle, nous en choisissions un en fonction de notre âge, pesant le pour et le contre, demandant conseil à nos frères et sœurs pour faire le meilleur choix possible. Contrairement aux consoles et aux jeux de société que nos parents nous offraient et que nous partagions, ces cadeaux-là étaient personnels. Le catalogue était généralement accompagné de tickets pour un spectacle de cirque ou pour un concert de Noël, et pendant des années mon père ne s'était jamais vraiment demandé quel était le sens originel de cette fête, supposant que c'était une manière en France de célébrer la fin de l'année.

Avec le temps il avait fini par intégrer d'autres coutumes occidentales. Par exemple, tous les vendredis 13, il achetait un ticket de Millionnaire et jouait nos dates de naissance au Loto. Il en avait aussi adapté d'autres à sa manière, celle de la petite souris notamment. Alors que je lui avais expliqué la tradition après la perte d'une de mes dents de lait, il avait préféré sa version :

« Ce n'est pas comme ça, chez nous. »

Il réfléchit un instant, semblant inventer ce qu'il s'apprêtait à me raconter.

« Tu vas mettre ta dent sur le réfrigérateur et demain matin, à 6 heures précises, tu trouveras un coq à la place. Mais il faut que tu te lèves à 6 heures pile.

— Un coq ? lui avais-je rétorqué.

— Oui, un coq. Vivant.

— Mais qu'est-ce que tu veux que je fasse d'un coq ?

— Ce que tu veux.

— Franchement, papa, je préfère encore que tu me donnes dix francs. »

En réalité, nous vivions la plupart du temps au rythme des fêtes musulmanes, marqué par deux événements majeurs. Le jeûne du ramadan tout d'abord, qui, même s'il constituait un mois d'introspection et de piété, engendrait chez nous trente jours de fête. Chaque soir de ce mois sacré, toute la famille se réunissait au coucher du soleil pour le repas de la rupture du jeûne, autour de dattes indispensables et de mets traditionnels plus appétissants les uns que les autres, auxquels on avait fini par ajouter des spécialités occidentales. Au milieu de la nuit, rebelote. Nous nous levions pour le repas de l'aube, puis bavardions jusqu'au petit matin et le départ pour l'école ou le travail. Avant le jour de l'Aïd qui consacrait la fin du ramadan, mon père préparait la *zakat al-fitr*, l'aumône obligatoire que chaque musulman se devait de verser à ce moment-là. Comme nous étions trop jeunes, c'est lui qui s'occupait de verser notre part, et il avait organisé pour nous une cérémonie autour de cet événement que nous attendions impatiemment. Il achetait un sac de riz de vingt kilos qu'il versait dans un grand bac en plastique. Et alors que nous étions assis autour de lui, il prenait un récipient d'une contenance de deux kilos, l'équivalent du montant de la *zakat al-fitr*, le remplissait à ras bord puis le versait dans le sac de riz vide en proclamant notre nom, ce qui déclenchait nos applaudissements et nos cris de joie enfantins. Enfin, il se chargeait de donner cette aumône aux familles dans le besoin.

L'Aïd el-Kebir ensuite, qui commémorait la soumission d'Abraham qui avait voulu sacrifier son fils pour obéir à Dieu, constituait la deuxième grande fête religieuse. Les préparatifs commençaient la veille. Ma mère coiffait nos cheveux de nattes collées et préparait nos tenues de fête. Le soir, une femme venait à notre domicile pour orner nos mains de motifs dessinés au henné. Le lendemain matin, juste avant l'aube, mon père se rendait dans une ferme près de Paris et achetait un mouton sacrifié pour l'occasion. Puis, après la prière célébrée à la mosquée, il lançait officiellement les festivités. Et c'était ainsi depuis notre naissance.

Un jour cependant, au début des années 1990, à la veille des vacances de Noël, ma sœur rentra de l'école et au détour d'une conversation dit à mon père :

« J'ai une rédaction à faire pour la rentrée. *Racontez le jour de Noël.*

— D'accord », lui répondit-il, sans porter plus d'attention à ce qu'elle venait de lui dire.

Elle ajouta :

« Alors on va être obligés de faire Noël, sinon je ne pourrai pas faire mon devoir.

— D'accord, mais c'est quoi, Noël ?

— On célèbre la naissance de Jésus, le fils de Dieu chez les chrétiens. »

Il la regarda avec des yeux écarquillés, comme si elle était devenue folle, tant cette idée était à l'opposé de tout ce qu'on lui avait enseigné.

« C'est pour l'école, c'est obligatoire !

— Tu diras à ta maîtresse que Jésus est un prophète, qu'il n'est pas le fils de Dieu », dit-il sur un ton péremptoire.

Les jours qui suivirent, mes frères et sœurs lièrent leurs forces contre lui pour le faire changer d'avis, aidés de notre mère :

« Ils peuvent faire Noël, c'est rien. Je ferai une dinde ou un poulet, si tu préfères, et tu leur donneras les cadeaux de la mairie. Il y a plein de clients chez Monoprix qui font les courses de Noël, et ils n'ont pas tous l'air d'être catholiques. Au fond, c'est juste une fête pour les enfants. »

Mais lui restait droit dans ses bottes. À ses yeux, céder à cette fête dont le caractère religieux allait à l'encontre de nos croyances, c'était abandonner ce qui constituait son essence, s'abandonner en somme, s'oublier. Il pouvait jouer à la petite souris, ça allait encore, mais heurter sa foi, c'était beaucoup trop. Nous avions beau dire, beau faire, croire ou ne pas croire, célébrer la fête commerciale plutôt que la fête religieuse, il était hors de question qu'il accepte. Toute la journée du 24 décembre, il avait fait mine de ne pas voir les regards suppliants et les visages boudeurs de ses enfants regardant les heures défiler, craignant que les magasins ne ferment avant qu'ils aient eu le temps de faire les courses du réveillon et que leur soirée ne tombe à l'eau. Et à la fin de l'après-midi, comme toujours, il avait cédé. C'était ainsi, il n'arrivait pas à dire non à ses enfants. En leur lançant le regard noir de celui qu'on contraint à faire une chose qui lui est détestable, il avait sorti son portefeuille et avait proclamé :

« Je vous préviens, c'est la première et la dernière fois qu'on fête Noël dans cette maison. »

Et puis, avec le temps, il avait pris l'habitude de réveillonner, jusqu'à ce que ses enfants deviennent des adultes.

En 2012, pour le dernier Noël de ma grand-mère, il avait insisté : « N'oubliez pas la bûche à la vanille de ma mère. »

# 27

L'épisode de Noël, comme tous ceux qui mettaient mon père dans une situation où il avait le sentiment de devoir renier une part de lui-même, le poussa à se poser la question de la transmission. Ce qu'il était, lui, il le savait déjà. Mais qu'étaient ses enfants, qui étaient nés et avaient grandi en France ? Est-ce qu'on était mauritanien, sénégalais, français par notre lieu de naissance, par notre citoyenneté, par des voyages sporadiques que l'on faisait dans tel ou tel pays, par la langue que l'on parlait, par ce qu'on mangeait, par la manière dont on s'habillait, par ce que nos parents nous transmettaient ? En s'installant dans ce pays, il s'était promis de nous élever dans le respect de sa culture, que nous garderions nos racines en mémoire. Mais il avait trouvé face à lui quelque chose d'aussi fort qui, peu à peu, s'imposait chez nous. Il l'acceptait, bien sûr, il ne pouvait pas faire autrement, mais il voulait quand même que nous conservions en nous une part de ce qu'il était. Alors, pendant les vacances d'été, il prit l'habitude de nous envoyer au Sénégal. Pas tous en même temps parce qu'il n'en avait pas les moyens, mais chacun son tour. Cela nous permettrait de nous immerger profondément dans notre culture d'origine et de rencontrer notre famille restée au pays.

Pendant longtemps, il considéra que c'était le seul voyage qui valait la peine. Il ne comprenait pas l'intérêt pour nous de nous rendre dans d'autres pays que le Sénégal ou la Mauritanie. À mes dix-huit ans, avec ma sœur Mariam, nous avions décidé de visiter l'Italie avec nos amies, pour nos premières vacances sans adultes. Nous avions tout organisé sans nous donner la peine d'en informer notre père, ce que nous finîmes par faire quelques jours avant le départ :

« La semaine prochaine, on va en vacances avec nos copines, lui dit Mariam.

— Vous allez où ?

— À Turin.

— C'est où, Turin ?

— C'est juste là. »

Avec sa main, elle lui montra vaguement un endroit situé à sa droite.

« C'est où ? insista-t-il.

— C'est à côté de Lyon. Et Lyon, ce n'est pas très loin de Paris, ajouta-t-elle, anticipant sa question suivante.

— Et qu'est-ce que vous allez faire là-bas ?

— On va en vacances.

— Vous allez en vacances dans un endroit que vous ne connaissez pas et où vous ne connaissez personne ?

— C'est justement pour cela qu'on y va.

— Et pourquoi est-ce que vous n'allez pas au Sénégal ?

— Tu crois vraiment que toute notre vie on va passer nos vacances au Sénégal ? »

Elle se lança alors dans un long discours sur l'importance de traverser et de découvrir le monde, lui rappelant d'ailleurs que c'était ce qu'il avait fait, lui, en quittant la Mauritanie puis le Sénégal. Il lui rétorqua qu'il était venu chercher un travail pour aider sa famille, qu'il n'était pas parti pour s'amuser. Mais, sans se démonter, elle lui parla alors de loisirs, une notion qui lui était étrangère : « La vie, ce n'est pas seulement le travail. Il faut profiter aussi, il faut s'ouvrir au monde. »

À part La Mecque pour son pèlerinage et deux, trois pays de l'Afrique subsaharienne, mon père n'avait jamais voyagé. Il rentrait souvent au Sénégal et en Mauritanie, bien sûr, mais il ne s'était jamais rendu dans d'autres pays étrangers, avec le plaisir pour seul horizon. Au bout d'une longue discussion où chacun défendait ses positions, il finit par céder et nous remit nos passeports. Il ouvrit alors sa précieuse mallette, celle dans laquelle il conservait tous ses documents depuis son arrivée en France, en 1975. C'était typiquement un truc d'immigré de tout conserver, par sécurité, au cas où la situation se retournerait. Un vieux tampon encreur traînait aussi. Il l'avait acheté quand il avait débuté en tant qu'éboueur, et l'avait personnalisé avec ses coordonnées : nom, prénom, adresse et numéro de téléphone. Malgré les années, il était toujours neuf, puisque mon père n'en avait jamais trouvé l'utilité.

« Pourquoi tu as acheté ça ? lui avions-nous demandé un jour en le découvrant.

— On les vend dans le quartier où je travaille.

— Mais à quoi ça va te servir ?

— Je ne sais pas, je trouvais que ça faisait patron. »

Quand j'ouvris mon passeport, je tombai sur le tampon de l'aéroport Léopold-Sédar-Senghor de Dakar, trace de mon premier voyage au Sénégal deux ans auparavant. En 2003, à seize ans, mon tour était arrivé. Je n'avais jamais quitté la France, encore jamais pris l'avion. Je n'avais même pas de passeport. Quelques semaines avant mon départ, je m'étais alors rendue à la préfecture avec mon père, lui-même ayant besoin de refaire sa carte d'identité qu'il avait égarée. J'avais préparé nos dossiers et vérifié consciencieusement qu'aucune pièce ne manquait. Quand nous nous présentâmes à l'accueil, mon père expliqua les raisons de notre présence :

« Bonjour, je viens faire une demande de carte d'identité et…

— Monsieur, je vous arrête tout de suite, l'interrompit brusquement l'agente administrative. Pour faire une demande de carte nationale d'identité, ça ne se passe pas du tout comme ça. Il y a une procédure à suivre. C'est réglementé.

Vous devez déjà justifier de votre présence dans le pays auprès des services concernés. Vous ne débarquez pas comme ça à la préfecture et, en échange d'un dossier, on vous donne une carte d'identité. Vous vous doutez bien que ce serait trop facile.

— Madame, je suis déjà français. »

Calmement, sans s'énerver, alors que je lui connaissais un fort tempérament, il lui avait lancé cette réplique laconique en réponse à sa diatribe. Ces micro-agressions, il en avait l'habitude, maintenant. Même après trente ans, il était toujours perçu comme un étranger. Elle avait vu arriver un homme en boubou, s'exprimant dans un français hésitant, et l'avait catalogué avant même de l'écouter, comme s'il n'existait qu'un seul type de Français. Elle s'adoucit et avec un grand sourire lui répondit :

« Ah, mais il fallait le dire plus tôt. Vous… »

Cette fois, c'est mon père qui la coupa. Il avait pris ses propos comme un mépris condescendant, voire une forme de racisme.

« Vous m'avez laissé parler pour que je vous le dise plus tôt ? Vous croyez qu'il n'y a que vous qui êtes français, dans ce pays ? Vous pensez que le pays appartient à votre père ? Vous ne savez pas que, sans les nôtres, vous parleriez allemand ? »

Elle se confondit en excuses, lui expliqua que c'était un malentendu, qu'elle avait mal compris, qu'elle ne lui avait en effet même pas laissé le temps de s'expliquer. Mais, malgré tous ses efforts, elle ne parvint pas à apaiser son ressentiment.

Le jour de mon départ, mon père était fébrile, comme il l'avait été pour mes frères et sœurs qui avaient fait le voyage avant moi. À l'aéroport, il me donna des recommandations pragmatiques pour cacher son appréhension : « Fais très attention à ton passeport. Ne te trompe pas de porte d'embarquement. Récupère la bonne valise. » Il demanda même à un autre passager de veiller sur moi pendant le vol : « C'est la première fois qu'elle va en Afrique. » Et, au moment de me quitter, avec un grand sourire rempli de fierté et d'excitation, comme si pour lui la boucle était enfin bouclée, il me dit : « Tu vas enfin voir mon pays ! »

# Épilogue

Le 13 juillet 1975, mon père quittait Ajar pour la France. Il n'y avait pas d'avenir dans son village natal, il fallait prendre sa chance ailleurs. Il pensait partir quelque temps et revenir très vite auprès des siens. Quarante-sept ans plus tard, alors que j'écris les dernières lignes de son histoire, il y est encore.

En regardant en arrière, il se disait que le jeu en avait valu la chandelle. Il avait débarqué à Paris un matin d'automne et s'était tout de suite mis au travail, cumulant parfois deux emplois sans rechigner, parce que là était la finalité de son exil : travailler pour subvenir aux besoins de sa famille. Il était retourné à l'école, griffonnant quelques mots de français dans un vieux cahier qu'on lui avait donné, puis finissant par faire sienne la langue du pays dans lequel il vivait. Les années passant, sans même s'en rendre compte, il avait fini par s'y installer avec la femme qu'il avait épousée et les enfants qu'elle lui avait donnés. Même après l'obtention de sa nationalité, il le jurait, il avait continué à manifester pour les droits des sans-papiers. Ce n'est pas parce qu'il y était arrivé qu'il oubliait d'où il venait. Et puis, par la force de son courage et de son abnégation, nous, ses enfants, étions devenus grâce à lui, cet émigré qui, un jour de novembre 1975, les poches vides et l'avenir incertain, avait pris un bateau pour la France en quête d'une vie meilleure, des enseignantes et des aides-soignantes, des infirmières et des serruriers, des électriciens et des informaticiens. Je ne sais pas si, avec tous les drames qu'il avait vécus, la mort de sa mère, celles de sa sœur, de son frère, les différentes épreuves de la vie, il s'était un jour assis, ou plutôt allongé sur son transat de jardin déplié au milieu du salon, en se disant : « C'est bon, ça y est, j'ai réussi, j'y suis arrivé. » À quel moment pouvions-nous considérer qu'on y était « arrivé » ? Est-ce qu'il n'y avait pas toujours un cousin à soutenir, un ami à aider, la fille d'un voisin à dépanner ? Parce que, en réalité, un émigré ne se soucie guère de son bonheur, mais de celui de ceux qui sont restés au pays, l'individualité de sa personne s'effaçant face à la pluralité des gens qu'il a à sa charge et dont les vies dépendent de sa réussite.

Je savais pertinemment en écrivant ce roman que mon père ne le lirait jamais. Il l'ouvrirait, sans aucun doute. Peut-être lirait-il les premières lignes, voire les premières pages de sa vie, puis se ferait raconter sa propre histoire par ses enfants, chaque passage donnant sûrement lieu à l'évocation d'autres souvenirs joyeux ou douloureux, d'autres instants de ce parcours qui auraient pu enrichir ce texte. Mais il est là le livre de mon père, et c'est bien cela le plus important.

Composé et édité par HarperCollins France.

Imprimé en août 2023
par CPI Black Print (Barcelone)
en utilisant 100% d'électricité renouvelable.
Dépôt légal : septembre 2023.

MIXTE
Papier issu de
sources responsables
FSC® C159065
FSC
www.fsc.org

---

Pour limiter l'empreinte environnementale de ses livres, HarperCollins France s'engage à n'utiliser que du papier fabriqué à partir de bois provenant de forêts gérées durablement et de manière responsable.

---

*Imprimé en Espagne.*